Estilo Natural

María Ballarín

LIBSA

Contenido

© 2015, Editorial LIBSA
C/ San Rafael, 4
28108 Alcobendas (Madrid)
Tel.: 91 657 25 80
Fax: 91 657 25 83
e-mail:libsa@libsa.es
www.libsa.es

COLABORACIÓN EN TEXTOS:
María Ballarín y equipo editorial Libsa
EDICIÓN: equipo editorial Libsa
DISEÑO DE CUBIERTA: equipo de diseño Libsa
MAQUETACIÓN: equipo de maquetación Libsa
IMÁGENES: Photos.com, Shutterstock Images, 123 RF y
archivo Libsa. Págs. 20 y 21: Juan Marcos Peña Morquillas

ISBN: 978-84-662-2953-1

*Los editores quieren agradecer
especialmente su colaboración a Juan
Marcos Peña Morquillas, diseñador
de jardines verticales y creador de
«Jardinería en espacio reducido», por la
cesión de fotos y la información del cuadro
vegetal de páginas 20 y 21.*

DL: M 23021-2014

Presentación

Aunque vivamos en ambientes urbanos donde el ruido y la prisa suelen ser nuestros compañeros habituales de viaje, los seres humanos necesitamos el contacto con la naturaleza para encontrar el equilibrio.

Esta es la razón por la cual casi todas las personas buscan un pequeño espacio de paz en el que integrar la naturaleza en su casa. El ideal es tener un **jardín** o un **huerto**, pero a falta de ellos, es bienvenida una **terraza**, o simplemente un rincón en el que poner unas **macetas** o un ramo de **flores** que con su colorido y su aroma nos alegren el día a día.

Con este libro, queremos poner al alcance de todos **conocimientos** y **técnicas** sencillas para cuidar y mantener las plantas, pero también muchas ideas para integrar de un modo **decorativo** todos los elementos vegetales en casa.

Dividido en tres grandes bloques, hemos estructurado el libro por temas. En primer lugar, un capítulo dedicado a las **plantas y jardines** en el que destacan todas aquellas plantas que podemos cultivar en **macetas y jardineras** o directamente en el suelo, creando espacios tan originales como los **jardines verticales** y los **cuadros vegetales vivos**. No tan llamativos,

pero muy populares, son los **bulbos** como crocus, narcisos, jacintos o iris. En este capítulo hablamos de ellos y de muchos más, como las plantas **trepadoras y colgantes** para cubrir pérgolas, los **bonsáis** y las **plantas de flor** más alegres y coloridas para otorgar personalidad a cualquier espacio doméstico.

El segundo capítulo se centra en la **flor de corte** y los **arreglos, ramos, bouquets y centros de mesa** que se pueden preparar teniendo en cuenta las características y peculiaridades de cada especie. Es el momento de flores tan conocidas como las **margaritas, calas, freesias, tulipanes, peonías, rosas y orquídeas**, pero también de aprovechar las cualidades de frutos y flores silvestres más desconocidos, pero que tienen unas posibilidades decorativas que no pueden desdeñarse, como **los serbales, la cola de gato, las paniculatas o las ramas de árboles frutales**.

Incluso, nos adentramos en el **secado de flores** para obtener ambientadores naturales de rosas.

Por último, el tercer capítulo está dedicado al arte del **Ikebana** japonés, que trasciende la idea del arreglo floral y lo lleva hacia un mundo de **espiritualidad** y belleza de profundo respeto hacia la naturaleza.

Todos los proyectos incluyen la información necesaria desde el punto de vista natural (el **tipo de planta** o de flor y sus **variedades**) así como todo tipo de consejos útiles de cultivo y mantenimiento, tales como **riego, luz, temperatura, abono, poda, etc.**

El proyecto decorativo detalla todos los **materiales** que se van a necesitar y ofrece consejos de experto para adentrarse en la jardinería sin miedo. La mayor parte, además, son proyectos con **paso a paso** y multitud de **fotografías** con las que acabar el arreglo natural con éxito, independientemente de la experiencia previa.

Si conseguimos regalar un poco de armonía a quien nos lee, daremos por bien empleadas estas páginas.

Introducción

Decorar la casa con flores y plantas es un recurso tan popular que a veces corremos el riesgo de cansarnos de los mismos floreros, las mismas macetas y los mismos arreglos y ramos. Vamos a buscar en nuestra imaginación plantas y soluciones inesperadas para decorar de nuevo la casa.

En primer lugar, tengamos en cuenta que cuando hablamos de decorar con flores no estamos pensando solo en rosas y cuando hablamos de plantas, no se trata solo de un ficus. El **reino vegetal** pone ante nosotros una ingente multitud de plantas y flores, así que podemos optar por tipos poco comunes en busca de lo **original**. Por ejemplo, usar jacintos silvestres en lugar de los clásicos de jardín o crear delicados arreglos con la flor del galanto, muy poco usual. Sin embargo, también podemos usar plantas muy típicas, como rosas, tulipanes o peonías, pero presentarlas de un modo totalmente distinto. Del mismo modo, podemos crear una nueva forma de **jardinería en vertical**, mucho más sorprendente y moderna, para macetas de cactus.

Por descontado, siempre vamos a necesitar ciertos conocimientos sobre **jardinería** para aprender, no solo a colocar las plantas de un modo artístico, sino a cuidarlas como se merecen para que ese motivo decorativo dure mucho tiempo a nuestro lado. Veamos paso a paso qué cuestiones no debemos olvidar a la hora de mantener plantas en casa.

CUIDADOS BÁSICOS DE PLANTAS EN MACETA

Para que nuestras plantas estén siempre bonitas y sanas, hay que tener en cuenta unos pocos puntos básicos que sin duda siempre dan resultado:

• La luz: cada planta necesita un determinado número de horas de luz diarias (de media, **entre 12 y 16 horas** de luz) y puede soportar mejor o peor la exposición directa al **sol**. Debemos colocarla al sol, en **sombra** o en **semisombra** según sea su tipo. El exceso de luz provoca quemaduras en las hojas y sequedad; mientras que si no tiene luz, se marchitará.

• La temperatura: debemos proteger a nuestras plantas de los rigores del invierno, pero también del excesivo calor. La mayor parte de las plantas están a gusto con temperaturas **entre 12 y 24 ºC**, así que hay que vigilar la **calefacción** y el **aire acondicionado** para no dañarlas.

• EL RIEGO: hay plantas que beben mucho y otras a las que les gusta pasar sed. No debemos olvidarnos del riego óptimo de cada maceta y no excedernos ni quedarnos cortos, además de atender a la época del año y las condiciones climatológicas. Es mejor regar **a primera o a última hora del día** para evitar que el agua se evapore demasiado deprisa en las horas centrales de más calor. Si la planta necesita un **ambiente húmedo**, lo mejor es vaporizar agua cerca de ella.

• EL ABONO Y LOS FERTILIZANTES: a veces las plantas necesitan una **ayuda extra** para poder echar flores, crecer o reproducirse. Además de los **nutrientes** como la luz y el agua, los abonos y fertilizantes les aportan minerales (fósforo, magnesio, hierro, potasio...) para que crezcan y produzcan mejor.

• LA PODA: cada planta tiene su momento y **técnica** de poda. Es importante saber cuál es y no olvidarse de hacerla, ya que podría ocurrir que entonces no volvieran a salir **flores** o **frutos**, o creciera en mal estado. Dentro de la poda, podemos incluir las técnicas de **anillado** y **sujección** para que las plantas crezcan en determinada dirección o cubran una pared, un arco, etc.

Además de las plantas en tierra, los arreglos con flores también tienen sus trucos.

CUIDADOS GENERALES DE RAMOS Y FLOR CORTADA

• Aunque usemos ENVOLTORIOS de **papel** o **plástico** para regalarlos, siempre deben retirarse antes de colocarse en agua.

• Las FLORES Y RAMAS se cortan transversalmente (siempre con un **cuchillo** y en un **ángulo** de 25 a 45°). Se cortan con la mayor **longitud** posible y hay que retirar todas las hojas, yemas o raíces de la parte inferior.

• Para que duren FRESCAS MÁS TIEMPO, se pueden recortar los **tallos** por la parte baja cada dos o tres días y cambiar el **agua** del jarrón a diario o cada dos días.

• Es mejor usar AGUA MINERAL que agua del grifo.

• Los ramos tienen que alejarse de la CALEFACCIÓN y las **corrientes** de aire, y no debe darles el sol directamente.

• Jamás deben mezclarse FLORES VIEJAS con **nuevas**, aunque sí se pueden hacer ramos que contengan flores con **capullos** aún sin abrir.

En torno a las flores existe toda una **mitología** en la que el **simbolismo** de cada color y tipo de flor puede indicar muchas cosas. Si vamos a trabajar con ellas, conviene saber algunas curiosidades, como la **paleta de colores**, los **estilos** decorativos, o el **significado** oculto de las flores, que pueden ayudarnos a escoger en cada ocasión.

LA IMPORTANCIA DE LOS COLORES

Las tonalidades **cromáticas** tienen un simbolismo propio que podemos trasladar a las flores que queramos regalar según sean nuestras intenciones. Veamos los más habituales:

• El COLOR ROJO indica siempre una **pasión amorosa,** ya que este tono recuerda al rojo de la sangre y del corazón que la bombea. Es habitual en **rosas, claveles y geranios**. Recibir una rosa roja, por ejemplo, es síntoma de que alguien sufre por nosotros un enamoramiento profundo y arrebatado.

• El COLOR ROSA también expresa **amor**, pero mucho más **dulce o romántico** y menos pasional. Es un buen color para regalar a las **madres** en su día o un detalle delicado para dedicar a una pareja de muchos años. Está presente en las flores que llevan su nombre: las **rosas**, pero también en las peonías, que pueden suplir a las rosas con facilidad.

• El MORADO y el LILA presentes en plantas como la **lavanda** silvestre, los **iris** o las **violetas**, son tonos que indican **feminidad**, así que se pueden regalar a las mujeres. El **día de la madre** es un buen momento para flores de este color, pero también para obsequiar a una mujer que acaba de ser madre, a una amiga o a una hermana por su cumpleaños, etc.

• El COLOR AMARILLO típico en **margaritas, narcisos, rosas y gerberas** es la expresión de la amistad, la confianza y el **optimismo**, porque brilla tanto como el sol. Es un tono alegre y diurno muy apropiado para regalar a los **amigos**. Además, es un tono que combina bien con otros e ilumina ramos variados.

• El COLOR NARANJA quiere transmitir sobre todo **alegría y ánimo**, así que son flores perfectas para regalar a quien esté **convaleciente** de una enfermedad. **Margaritas, gerberas y crisantemos** pueden ostentar este color. Es también muy indicado para regalar a las niñas.

• El COLOR BLANCO remite a la **pureza y** el **candor**. Es el más utilizado para las **novias** y los arreglos florales de **boda**, pero puede ser ideal para cualquier persona de corazón bondadoso a la que queramos obsequiar. **Rosas, paniculatas, calas y** la flor de nieve, el **galanto**, son todas blancas, aunque si queremos sorprender de verdad, la más inesperada será el **edelweiss**.

• El COLOR VERDE está presente en **hojas y ramas** de todas las plantas en distintas tonalidades. Es un color que expresa **tranquilidad** y que generalmente se utiliza en los arreglos para hacer **contraste** y romper estructuras demasiado monocromáticas. Es habitual introducir hojas de color verde intenso, como la **hiedra**, en ramos y centros de flores diversas.

• El COLOR AZUL es verdaderamente inusual entre las plantas y flores y en general las tonalidades azules suelen inclinarse hacia el morado. Las **campánulas, campanillas chinas y** los **lirios de agua** son ejemplos de este tipo de flores, entre el azul y el malva. En cuanto a las **rosas**, es verdad que existen rosas azules, pero son el producto de métodos de **hibridación** y no flores que nos dé la naturaleza, aunque pueden resultar muy bonitas y sorprendentes. El color azul se relaciona con los procesos mentales y la inteligencia.

DISTINTOS AMBIENTES

Según sea la **decoración** de una casa, así deberían ser sus elementos vegetales. Para no introducir flores que puedan desentonar con el estilo predominante, veamos estas tendencias:

• ESTILO CLÁSICO. Siempre **elegante** y de buena **calidad**, se consigue con muebles de maderas macizas y nobles, porcelanas, cristales y bronces. Los textiles suelen ser brocados o terciopelos.

• ESTILO MODERNO. Más **atrevido** y vanguardista, utiliza materiales fríos, como el cristal y los metales, para crear **ambientes funcionales**. Cuero en los sofás y ruptura de colores en blanco y negro son sus preferidos.

• ESTILO RÚSTICO. Sacado de las **casas de campo** de la campiña inglesa, se consigue con muebles de madera muy **acogedores** y con muchos elementos naturales.

• ESTILO MINIMALISTA. Muy **limpio**, sin detalles, con predominancia del blanco y de la mayor **simplicidad** posible. Muy funcional. Combina bien con toques de ESTILO RETRO, que añade piezas o muebles de los **años 40 a 70**.

• ESTILO ORIENTAL. Más típico en dormitorios y terrazas, es una decoración que remite al orientalismo **árabe**, con doseles, algún puf para sentarse, tapices, etc.

• ESTILO POP ART. El movimiento artístico de **los 60 en Estados Unidos e Inglaterra**, cuyo máximo exponente es **Andy Warhol**, siempre va acompañado de colores chillones, estampados sorprendentes y buen humor.

• ESTILO ÉTNICO. Colores muy animados y geometrías exóticas llegadas de **África** son sus señas de identidad.

EL SIGNIFICADO DE LAS FLORES

Desde tiempo inmemorial se ha atribuido un **significado oculto** a cada flor y muchas personas en el mundo lo tienen en cuenta a la hora de entregar un ramo a determinada persona. Para no cometer errores de **protocolo** ni incurrir en malentendidos, tengamos en cuenta esta tabla:

Adelfa. Seducción.

Alhelí. Fidelidad y belleza.

Anémona. Abandono.

Azalea. Alegría del amor.

Azahar. Castidad.

Azucena. Corazón inocente.

Begonia. Cordialidad.

Cala. Belleza.

Caléndula. Ayuda en la enfermedad.

Camelia. Blanca es un corazón orgulloso que ha sido rechazado, pero roja indica amor apasionado y rosa romanticismo.

Campanilla. Coquetería.

Capuchina. Amarilla es el símbolo del reproche amoroso, pero morada indica un amor perdido.

Ciclamen. Desconfianza.

Clavel. En cualquier color, siempre es flor de pasión amorosa.

Crisantemo. Quieren decir «te quiero».

Dalia. Es la flor del reconocimiento y la admiración.

Flor de lis. Pureza, castidad y belleza.

Flor de Pascua. Navidad.

Freesia. Indica gracia y saber estar.

Gardenia. Sinceridad.

Geranio. Amor poético, salvo si es rojo, que indica obsesión de amor.

Gerbera. Alegría y amistad.

Girasol. Salud y fidelidad.

Gladiolo. Es la flor de la provocación.

Glicinia. Apego.

Hortensia. Abandono y amor caprichoso.

Iris. Amor desde la ternura.

Jacinto. Alegría.

Jazmín. Amor desde la voluptuosidad.

Lila. Amor modesto y renacer del amor.

Lirio. Saludos de amor.

Loto. Flor de sabiduría y elocuencia.

Magnolia. Amor por la naturaleza.

Malva. Pena de amor.

Margarita. Cariño y confianza.

Narciso. Egoísmo.

Nenúfar. Enfriamiento en una relación amorosa o de amistad.

Nomeolvides. No me olvides.

Orquídea. Seducción y sensualidad.

Pensamiento. Afecto.

Peonía. Sinceridad y amor tranquilo.

Petunia. Obstáculos en una relación.

Prímula. Primer amor.

Rosa. Roja, pasión amorosa; rosa, agradecimiento; blanca, amor inocente; amarilla, amistad y alegría.

Siempreviva. Cambios en una relación.

Tulipán. Declaración de amor.

Verbena. Petición de boda.

Violeta. Modestia y fidelidad.

Zinnia. Inconstancia.

Jardines
y plantas

Como no siempre tendremos a nuestra disposición un gran terreno, hemos dado prioridad a la creación de espacios decorativos naturales que puedan integrarse en cualquier casa, como los jardines verticales y colgantes, los cuadros vegetales y los maceteros especialmente atractivos.

Con tan solo una **pared** libre podemos gozar de todo un **jardín** o un **huerto** y ni siquiera vamos a necesitar plantas de gran exotismo o exuberancia, ya que proponemos proyectos tan simples de plantar y mantener como los **cactus** y las **suculentas**, o tan prácticos como las **hierbas** de un huerto urbano.

Ofrecemos **ideas originales** para colgar **macetas y jardineras** con soluciones artísticas en las que, pintando la pared, podemos sacar todo el partido cromático a flores tan simples y de apariencia tan silvestre como las violetas o las gerberas. No obstante, quien carezca de tiempo o de habilidades manuales, puede consultar aquellos otros proyectos que dan primacía a las clásicas macetas con **plantas bulbosas** o con **especies de flor** más alegre, como los geranios y los ciclámenes.

Los que busquen decoraciones muy **minimalistas** y limpias, que se centren en un único elemento natural que concentre toda la atención, van a encontrar un aliado en los **bonsáis** y en plantas como la **yuca**.

Todos podemos incluir un pequeño trozo de naturaleza en nuestras vidas y gozar de los beneficios de su aroma y su colorido.

Jardines verticales
un jardín en la pared

Plantas

Pteridophyta, Musci, Bromeliaceae, Tradescantia pallida (helechos, musgos, bromelias y tradescantias)

Materiales

Plantas de poco sustrato
Recipientes verticales con sustrato
Cajones de madera

Consejo de experto

Es fundamental colocar un sistema de riego específico con una bomba de riego y organizado para drenar, filtrar y recoger el agua después.

La estantería

La nueva moda de embellecer una pared con un jardín vertical no deja de ser una solución a los problemas de espacio, de manera que un pequeño apartamento en la ciudad ya no es una excusa para no tener jardín. Este que proponemos es muy básico para comprender el concepto.

PLANTAS PARA UN JARDÍN VERTICAL

El jardín vertical se construye con plantas que no necesiten mucho **sustrato** y no tengan raíces profundas. Por eso, es bueno usar **musgos y líquenes** que formen un cuerpo, o **helechos**, que además poseen un follaje muy llamativo y cobertor. Todas estas plantas se caracterizan por su capacidad de **adaptación** al medio, resistiendo bien el frío, aunque hay que ser cuidadoso en la colocación, evitando el **sol** directo y nunca deben plantarse en climas muy secos y calurosos.

Como los musgos, líquenes y helechos son plantas verdes sin flores, tendremos que añadir otro tipo de plantas que aporten **colorido** al conjunto, pero no exijan las condiciones de raíz profunda. Las **bromelias**, con sus hojas lanceoladas verdes, suelen tener las puntas rojizas y formar rosetones de color que parecen flores, aunque no lo sean. La **tradescantia purpúrea** es otra planta con hojas coloreadas que aporta un toque morado o rosado y que apenas necesita cuidados.

Tampoco es mala idea tapizar algún compartimento del jardín vertical con **kalanchoes**, una planta **crasa** que se caracteriza por su intensa y continuada **floración** en tonos blancos, amarillos, naranjas, rosas y rojos. No le gusta el sol directo ni el frío muy intenso y necesita bastante humedad, pero a cambio pide poco riego y menos atenciones.

Con cajones de madera pintados en distintos tonos de azul hemos creado diferentes compartimentos para lucir varios tipo de plantas. Hemos aprovechado plantas que pueden sembrarse verticalmente, pero también trepadoras o plantas con caída que sobresalen sin necesidad de que la maceta de tierra esté colocada de forma vertical.

Un cuadro vivo
de plantas suculentas

Plantas
Ledebouria, Sempervivum,
Delosperma y Graptopetalum

Materiales
Estructura de plástico con
compartimentos y borde tipo cuadro
Tierra
Malla metálica
Plantas suculentas

Consejo de experto
Es una idea excelente plantar musgo
como fondo, ya que proporciona
humedad natural a las raíces de las
plantas que crecen a su alrededor.

Una obra de arte

Existen en el mercado sistemas modulares especialmente diseñados para confeccionar jardines verticales. Algunos de ellos tienen incluso su propio sistema de riego integrado, por lo que resultan muy cómodos, aunque siempre se puede fabricar uno casero, como veremos más tarde.

TIPOS DE JARDINES

Uno de los sistemas más populares es el de comprar una estructura plástica con «bolsillos» en los que se pueden ir introduciendo distintos tipos de plantas. Después, todo el conjunto, se colgará en una pared.

Hay también soportes de tipo **cuadro**, con diferentes agujeros en los que introducir pequeños tiestos. Este sistema permite jugar con las **formas**, haciendo cuadrados, rectángulos, figuras tubulares alargadas, etc., y además admiten cualquier **tamaño**. Si no queremos preocuparnos nunca por mantener las plantas, podemos optar por **jardines liofilizados**, un proceso de conservación en el que se reemplaza la savia por un compuesto de glicerina.

Otro tipo de jardín vertical muy original es el que se confecciona solo con las llamadas **plantas aéreas**. Este tipo de plantas crece solo con los nutrientes y el agua que toma del aire, por lo que no necesita ningún mantenimiento aparte del riego a través de un **nebulizador**, y además resultan muy bonitas y etéreas.

Sobre las plantas escogidas, se trata de **suculentas** como la *Ledebouria*, con su característica forma de **estrella** y sus pequeñas manchas; distintas especies de *Sempervivum*, con su aspecto de **flores** verdes de tipo alcachofa; *Delospermas* alargados y **tubulares** y *Graptopetalum* similares a **nenúfares**.

Hemos elegido una estructura de plástico con diferentes compartimentos de las que hay en el mercado. Hemos rellenado los huecos con tierra y a continuación hemos colocado una malla metálica por encima que sirve para sujetar el sustrato. las plantas se van introduciendo poco a poco hasta cubrir todo el espacio con todo tipo de plantas suculentas de nuestro gusto.

Cuadro vegetal
con falsas flores de plantas crasas

Partiendo de una simple caja de fruta común, que se ha plegado sobre sí misma y a la que se han retirado las partes inútiles para dejar su base como el frente de este peculiar jardín vertical en miniatura, estamos en posesión de una estructura con divisiones en las que introducir plantas crasas o suculentas.

Plantas
Sempervivum tectorum y aracnoideum, Graptopetalum paraguayense, Sedum palmeri, nussabaumeranum y spurium, Aptenia cordifolia y Delosperma cooperi

Marco de madera

Caja de plástico

Materiales
Una caja de fruta
Listones de madera
Saco de rafia y tierra
Plantas suculentas o crasas

Consejo de experto
El riego debe ser muy moderado, cada 2-3 semanas en verano y cada 4-6 semanas en invierno.

CREAR UN SUSTRATO
En la **caja** de fruta, introducimos un **saco** de **rafia** lleno a su vez de **tierra** y **perlita**. Se cierra compactándolo para evitar bolsas de aire y comenzamos a introducir las raíces de las plantas.

ENRAIZAR
Practicamos un **corte** en el saco e introducimos una **varita hueca** que sirve de guía para meter la raíz con ayuda de un **palillo** largo. Colocamos todas las plantas y esperamos dos semanas para ponerlo vertical.

Marco de madera

Aunque la caja de fruta es una solución sencilla y barata para crear una base óptima en un jardín vertical, quizá no resulta demasiado decorativa. Por eso, se han usado unos listones de madera que actúen como marco, atornillados a los laterales de la caja. Ese marco será también el que permita después colgar el jardín vertical de una pared.

Gerberas de color
en un falso mueble

Flor
Gerbera (margarita gerber)

Materiales
Pintura negra y pincel
Dos cajones de madera con tiradores
Gerberas y tierra

Consejo de experto
Al regarla, nunca se debe ensuciar de tierra el nacimiento de la planta, por lo que se aplicará el agua con mucho cuidado por los alrededores.

Muchas veces el aspecto decorativo no depende del uso de flores exclusivas, sino de la imaginación. En este caso, las gerberas o margaritas gerber, son flores muy alegres y coloridas, pero también sencillas, y el original resultado se debe a la decoración que se ha pintado en la pared.

CONSEJOS DE MANTENIMIENTO

Las variedades más comunes de gerberas son los cruces entre *Gerbera jamesonii* y *Gerbera viridifolia*, como la *Gerbera hybrida*, pero en realidad todas son parecidas y su cultivo y cuidados difieren poco. En todo caso, la gerbera es, después de la rosa, el clavel, el crisantemo y el tulipán, una de las flores con más popularidad para usar como **flor de corte**.

Necesita pleno **sol** para crecer con alegría y que las flores salgan y además le afecta el **frío**, por lo que es mejor tenerla en interior o cultivarla solo en climas templados, ya que su **temperatura** ideal por el día es de 24 ºC, aunque tolera bastante bien más calor. No así el frío, ya que puede morirse con temperaturas inferiores a 15 ºC.

En cuanto al **riego**, no le gusta el encharcamiento ni la abundancia de agua; al contrario, necesita un sustrato bien drenado y riego moderado.

Le puede venir bien el **abono** en las épocas de floración y también es conveniente **podarla** quitando todas las hojas envejecidas y flores marchitas para dejar que crezca sin problemas.

El chifonier

Necesitamos dos viejos cajones partidos por la mitad. Estos cajones se sujetan a la pared como si fueran un pequeño estante y en su interior se colocan las jardineras con sus flores. El resto del mueble es una ilusión que se ha pintado sobre la pared. Los tiradores y pomos de los cajones pueden resultar muy decorativos si los seleccionamos con esmero entre piezas de estilo vintage.

Colección de tiestos
en dos colores

Combinar las plantas de color verde con alguna variedad de hojas moradas es un gran acierto a la hora de crear pequeños espacios similares a un huerto urbano. No ocupan espacio, se riegan con facilidad y podemos aprovechar para cultivar nuestras propias hierbas o especias.

Plantas

Herbáceas, *Plectranthus verticillatus* y *Tradescantia purpurea*

Materiales

Un colgador de pared de rejilla

5 macetas de tres plantas diferentes

Consejo de experto

Es el colgador ideal para tener un pequeño huerto en la terraza, por lo que puede ser una buena idea cultivar plantas aromáticas como el perejil, el romero o la hierbabuena, pero también es posible hacer nuestro propio cultivo de tomates cherry o fresas, que se dan muy bien en macetas.

PLANTAS VERDES

Hemos elegido una **herbácea** y la **planta del dinero** (*Plectranthus verticillatus*) por su gran dureza, ya que resisten cualquier condición sin dejar de crecer.

HOJAS MORADAS

Elegiremos una planta de hojas moradas para hacer contraste, como por ejemplo, la *Tradescantia purpurea*, la *Hypoestes sanguinolenta* o la *Gynura*.

24 Estilo natural

Rejilla multifuncional

Una reja de forja muy sencilla colocada en la pared es un soporte para poder colgar todo tipo de tiestos, independientemente de su forma o tamaño. Se cuelgan con ganchos especiales que permiten esa colocación del tiesto un poco vencido hacia afuera para facilitar el riego o la poda.

CUIDADOS

La planta del dinero necesita **luz**, pero no sol directo y un **riego** cada 2-3 días en verano y cada semana en invierno. La *Tradescantia purpurea* en cambio es amante del **sol** y resiste bien la sequía, por lo que hay que regar poco.

Cactus y suculentas
jardín colgado todo el año

Planta
Cactaceae

Materiales

12 macetas con cactus o suculentas
Un colgador geométrico de metal
negro

Consejo de experto

Como norma general, un cactus se
regará una vez por semana en época
cálida y cada 15 o 20 días en época
fría. Si la temperatura es menor de
10 °C no necesita riego alguno.

*¿Quién ha dicho que los esquemáticos cactus y sus hermanas las
plantas suculentas no resultan decorativos? Este es un buen
ejemplo sobre cómo sacar partido a unas plantas que no suelen
tenerse en cuenta en decoración de interiores y que tienen fama de
tristes a pesar de su belleza exclusiva.*

PARA OCUPADOS

El cactus es la planta ideal para
personas muy ocupadas y sin tiempo
que perder, ya que prácticamente no
necesita **cuidados**, no acusa el
olvido a la hora de regar, no hace
falta podar ni fertilizar.

MUCHOS TIPOS

Por si fuera poca la comodidad, el
cactus cuenta con muchas
variedades. Los hay redondos,
alargados, planos, con más o menos
espinas... Y pueden combinarse muy
bien con **plantas suculenta**s.

Colgador de pared

*Hemos comprado un soporte metálico de color negro con forma de cuadrícula en el que se pueden colgar
macetas con seguridad. Quedan inclinadas dejando a la vista la planta y facilitando el riego. Puede ponerse
en cualquier pared, ya sea una habitación o una terraza, constituyendo un auténtico jardín temático que no
necesita mucho espacio.*

Cactus y suculentas
Realización del arreglo floral paso a paso

Según sea la forma de sus tallos, los cactus pueden ser de tres tipos. Los globosos son cactus redondos con aspecto de barril; los columnares son pequeños cilindros alargados que pueden estar ramificados; y los cladodios tienen el tallo aplanado con forma de raqueta. Por otra parte, están las plantas crasas o suculentas que pueden ser globosas como algunos cactus, aunque no tienen espinas, y en general se caracterizan por sus hojas carnosas.

SUELO Y AGUA

Los cactus crecen bien en suelos **pobres**, pero necesitan un buen **drenaje**. Es buena idea colocar tierra y piedras imitando el microcosmos del **desierto** en la maceta. Todos los cactus soportan mejor la **sequía** que el exceso de agua, así que es preferible **regar** una sola vez cada cierto tiempo, pero en buena cantidad, que regar poco y a diario. Tengamos en cuenta que el encharcamiento pudre el cactus y que entre un riego y otro lo mejor es dejar que el suelo se seque por completo.

LA LUZ

El cactus es muy feliz cuando hay mucha **luz**. Por extraño que parezca, no todos soportan bien la luz directa del **sol**, pero sí les gusta mucho la iluminación. Como guía, los cactus con muchas **espinas** aman la luz directa del sol, mientras que los que tienen pocas espinas y las suculentas prefieren luz sin sol directo.

SUCULENTAS

Este tipo de plantas **almacenan** el **agua** en sus hojas para sobrevivir a periodos de sequía. Por eso son tan **gruesas**, de manera que muchas veces las hojas parecen flores. Conviven bien con los cactus porque ambos son amantes de los terrenos **áridos** y necesitan cuidados muy similares.

El aloe vera es uno de los ejemplos de plantas suculentas más popular. Del interior de sus hojas se obtiene un poderoso cosmético natural.

La floración del cactus

A pesar de su aspecto recio, los cactus poseen un tesoro en su interior y es que muchos de ellos sacan flores hermosísimas. Si están al aire libre, florecerán en la época más favorable para el propio cactus, pero en el interior o en un invernadero, se puede forzar la floración para que se produzca durante todo el año. Algunos tipos de cactus tardan unos años en florecer, así que debemos ser pacientes.

Una posibilidad muy extendida es la de colocar flores artificiales, de papel, en un cactus. Eso no daña la planta y anima su aspecto exterior dándole un toque de color.

CACTUS COLORIDOS

Los cactus son **verdes**. La existencia en el mercado de cactus de colores se debe a plantas creadas artificalmente sin **clorofila** y que por tanto no podrían sobrevivir. Lo que ocurre es que se **injerta** ese cactus de color en un cactus verde que ejerce de «tronco» y así la parte de color sí puede sobrevivir. Algunos cactus tienen **espinas** blancas o rojizas y muchos **florecen**, pero de forma natural, ese es el único colorido que se puede obtener de esta extraordinaria planta del desierto.

GÉNERO «PARODIA»

El género *parodia* agrupa más de **50 especies** de cactus. El de la fotografía es un ejemplar de *Parodia penicillata*. Debe su epíteto latino, penicillata, a la forma de pinceles de sus espinas superiores. Es muy bonito cuando florece, ya que saca **flores** rojas tan llamativas como decorativas.

ESPINAS

Los cactus desarrollan espinas para **defenderse** de los depredadores, ya que con ellas aparentan ser una planta no **comestible**. Sin embargo, muchos de ellos sí lo son y se consideran una exquisitez, como ocurre con los **nopales** mexicanos o con los cactus **opuntia**, de hojas planas.

Para trasplantar un cactus lo haremos en primavera y deberemos tener mucho cuidado de no dañar las raíces en el proceso.

Tiestos colgados
un cuadro urbano

Flor
Saintpaulia ionantha (violeta africana)

Materiales
Una maceta de violeta africana morada y otra rosa
Dos argollas para tiestos
Pintura negra y brocha

Consejo de experto
Si las hojas se pudren es que tienen exceso de riego, mientras que las manchas en las hojas indican problemas de luz.

Aunque popularmente se las conoce como violetas africanas, en realidad no son violetas, pero su color más común es de un tono muy similar y por esa razón se asimilan con ellas. Es la perfecta planta de interior y nosotros hemos decidido hacer un decorado muy especial con ella.

CUIDADOS BÁSICOS

La popular violeta africana requiere tan pocos cuidados que se convierte fácilmente en una flor de uso común como decoración de **interiores**. Para empezar, debe ubicarse en un lugar **luminoso**, pero que nunca reciba el sol directo.

Es una planta amante de la **humedad**, pero paradógicamente, odia la ducha. Es por tanto muy importante que su tierra siempre esté húmeda, pero que el agua no alcance las hojas ni las flores, ni cuando se riega ni mucho menos usando un pulverizador. Es buena idea poner musgo en su tierra para garantizar ese suministro de humedad. En cuanto al **riego**, hay que echar agua dos veces por semana en tiempo cálido y solo una en épocas frías. Con un poco de **fertilizante** líquido añadido con el agua de riego cada mes seguramente florecerá mejor, aunque no es necesario.

Sus hojas aterciopeladas deben ser **cepilladas** con un pincel suave para evitar que el polvo o la tierra les quiten lustre. Si queremos **multiplicar** la violeta, es muy sencillo: cortaremos una hoja y la dejaremos en agua hasta que eche raicillas y podamos plantarla.

Una pared muy original

A veces es suficiente con un poco de atrevimiento para convertir unas simples macetas bastante corrientes en un rincón personalizado y único. Hemos colgado las macetas en unas arandelas de su mismo diámetro en una pared blanca. Una vez colocadas las arandelas, hemos dibujado dos botellas con pintura negra, de manera que las flores sean el divertido tapón.

Narcisos dobles
bulbos para decorar

Flor
Narcissus (narciso)

Materiales
Una maceta de narcisos dobles
Un cesto de palma

Consejo de experto
Si cortamos los narcisos para hacer un arreglo de jarrón, no debemos mezclarlos con otras flores. Los narcisos tienen una sustancia que acorta la vida de las otras flores.

En el género del Narcissus hay más de 40 especies de flores que tienen en común el ser un bulbo que florece en primavera con unas espectaculares flores generalmente amarillas y erectas que en tierra pueden durar hasta 20 días en esplendor y que también sirven como flor de corte para hacer ramos.

CON OTROS BULBOS

Los narcisos pueden **combinarse** con otro tipo de **bulbos**, entre los que destacan los **crocus** que veremos después, gracias al **contraste** de colores entre el amarillo cálido y el malva más frío.

CUIDADOS

Prefiere climas **templados**, aunque soporta el frío bastante bien. Debe estar en un lugar **luminoso** (sol y sombra es lo mejor). El **suelo** estará húmedo y bien drenado, con un **riego** suave constante.

Narcisos encestados

Las macetas de narcisos lucen más dentro de un cesto. La forma de cinta de sus hojas y la tendencia a la caída de sus flores más grandes y abiertas queda mucho más bonita dentro de una cesta baja que puede tener muchas variantes: color natural o pintada en tonos divertidos, enteladas al estilo vintage, etc. Sí recomendamos forrar con plástico el interior para evitar fugas de agua con el riego.

Este delicado bouquet de narcisos blancos
podría ser un bonito ramo de novia.

Crocus
en un cesto rústico y funcional

Flor

Crocus (crocus o croco)

Materiales

Entre 6 y 8 ejemplares de crocus

2 macetas

Un cesto

Consejo de experto

El crocus debe podarse después de la floración, cortando las hojas que empiezan a amarillear. Si no se hace, se corre el riesgo de que la planta no vuelva a florecer el siguiente año.

*El crocus más famoso es el azafrán (*Crocus sativus*), de cuyas flores se extraen los estambres para conseguir la especia más cara del mundo. Pero no es el único crocus valioso, ya que esta planta bulbosa posee siempre una hermosura muy apreciada en la decoración de la casa.*

CÓMO CULTIVARLOS

Los bulbos de crocus deben plantarse en **otoño** y generalmente florecen en primavera, aunque es posible que una temperatura de interior los ayude a florecer incluso en invierno. Se usa **tierra suelta**, pero se puede enriquecer con **fertilizante granulado** especial para plantas bulbosas (con fósforo). Hay que hacer un agujero de entre **5 y 10 cm de profundidad**, depositar los bulbos y volver a tapar con tierra.

Después de plantarlos, los crocus apenas necesitan cuidados. Es suficiente con un **riego** muy moderado (la humedad pudre el bulbo) y quizá, si el invierno va a ser muy duro, protegerlos con **turba** o con una capa de hojas secas. La mejor zona para plantarlos es al **sol** o en **semisombra**, porque les gusta la luz. Si se cultivan en maceta, hay que garantizar al menos cuatro horas de luz al día, colocándolos en una ventana.

Aunque hay más de 80 tipos de crocus, los colores más típicos de sus flores son el **morado**, el **blanco**, los **azules** y el **amarillo**. Es buena idea tener bulbos variados para conseguir cosechas más coloridas. Cuando los crocus florecen pueden llegar a tener unos **15 cm** de altura, con llamativas flores similares al tulipán y hojas de tipo cinta. Una vez que pase la floración no es necesario sacar los bulbos, sino que la planta reposará y volverá a florecer en la siguiente temporada.

Una jardinera para la ventana

Cuando los crocus ya han florecido, se introducen las macetas en un cesto rectangular, que será el que ejerza de jardinera. Hemos elegido uno de mimbre y palma que además está plastificado por dentro para evitar que el riego de las plantas lo deteriore y que la humedad salga hacia afuera pudiendo encharcar o estropear el alféizar de la ventana.

Los crocus aún semiabiertos pueden decorar
una mesa junto al cubierto.

Gliclinias colgantes
una pérgola muy romántica

Hay plantas que están especialmente indicadas para determinados espacios. La glicinia es una de ellas: parece que la naturaleza la diseñó para formar parte de la decoración de exteriores y por su carácter colgante y trepador, es ideal para cubrir una preciosa pergola rústica.

Flor
Wisteria sinensis
(glicinia)

Materiales
Pérgola y guías
Glicinias

Consejo de experto
Si vamos a comprar un arbusto de glicinia en un vivero, es mejor hacerlo cuando está en flor. De ese modo, nos aseguraremos de que tanto el color como el aroma de la planta es el que queremos.

PREFERENCIAS
Las glicinias son arbustos muy útiles para cubrir **paredes** o trepar por **pérgolas** o **enrejados**. Son arbustos muy robustos y trepan en poco tiempo si se **podan** bien. **Florecen** en primavera y a veces en otoño.

CUIDADOS
Necesita un **suelo** muy profundo y una zona con **sol** o **semisombra**. Resiste el **frío** y las heladas, y requiere un **riego** regular, así como un **abonado** anual durante la época de floración.

Cómo podar la glicinia

Es necesario podar la glicinia para que florezca bien. Intervendremos podando en invierno (una sola poda) y en verano (podas cada 20 días). En invierno cortaremos las ramas largas a unos 30 cm de la base. En verano también se cortarán las ramas largas y además se retirarán todas las inflorescencias ya pasadas. Como norma general, la glicinia debe crecer de un tronco común y ayudarse de guías para cubrirlo todo.

Crisantemos de color
para interiores

Flor
Chrysanthemum x morifolium
(crisantemo)

El crisantemo es originario de Asia, donde tiene tanto reconocimiento que forma parte del sello imperial de Japón. Como planta ornamental, se da muy bien en interiores como planta de maceta, aunque también se usa mucho como flor de corte para hacer ramos.

Materiales
Una maceta de crisantemos
Una calabaza y 4-5 calabazas baby

CONDICIONES BÁSICAS

El crisantemo no florece si no tiene **luz** o si hace demasiado calor. Necesita una **temperatura** media de unos 18 °C y también una buena **ventilación**. Hay que colocar siempre la planta alejada de la calefacción.

CUIDADOS

Agradece el **abono** y la **poda** de los extremos de los tallos cada cierto tiempo y le gusta el **agua**, pero no el encharcamiento. Es buena idea **pulverizar** la planta con agua y vigilarla, porque si la flor se marchita quiere decir que le falta riego.

Consejo de experto
Es muy fácil reproducir el crisantemo por esquejes. Solo hay que sembrarlos al comienzo de la primavera y enraizarán sin problemas.

Decoración otoñal

A finales del otoño y comienzos del invierno, los crisantemos florecen alegrando toda la casa. Hemos colocado la maceta en una ventana para que se beneficie de su luz y hemos logrado un ambiente otoñal colocando calabazas baby. Una idea muy original es vaciar una calabaza entera (del mismo modo que en Halloween) y usarla como macetero durante un tiempo.

La variedad de colores del crisantemo abarca
todos los tonos desde el blanco hasta el rojo.

Cíclamen
una flor para el invierno

Flor

Cyclamen persicum (ciclamen)

Materiales

Una maceta de ciclamen

Un cesto

Velas, portavelas y adornos

Consejo de experto

El ciclamen nunca debe regarse mojando la base de la planta, sino manteniéndola 10 o 15 minutos sobre un plato con agua. Así, la planta absorbe por capilaridad.

Una de las pocas flores del invierno merece todos los cuidados posibles para darnos a cambio su alegría y su color. Aunque tiene la mala fama de ser una planta delicada que no suele darse bien y que se resiste a muchos aficionados a la jardinería, con pocos cuidados lucirá perfecta.

CÓMO CULTIVARLOS

Para que el ciclamen florezca, evitaremos el ambiente caluroso. Debe estar en un lugar de la casa más bien **fresco**, lejos de la calefacción, con una **temperatura** a ser posible inferior a los 20 °C y bien **ventilado**. La mejor manera de mantener la **humedad** natural de esta planta es el **riego por inmersión**, ya que el riego directo la pudre. Podemos abonar cada 15 o 20 días durante la época de floración usando **fertilizantes** líquidos junto al riego. También hay que retirar las flores que ya se han marchitado y limpiar de vez en cuando el polvo a las hojas con un pincel, sin humedecerlas ni usar ningún producto abrillantador.

Para saber si el ciclamen está **sano** debemos fijarnos que sus **tallos** estén erguidos y sus **hojas**, más claras por el envés, con manchas por el derecho y bien formadas.

Existe la creencia de que el ciclamen es una planta **anual** y que después de la floración ya no sirve para nada, pero no es cierto. Si le concedemos **reposo** durante el verano, volverá a florecer el año siguiente. Lo mejor que podemos hacer es sacar el **tubérculo** tras la floración y guardarlo en un lugar oscuro para volverlo a plantar la siguiente temporada. También es posible mantener ese tubérculo plantándolo en una zona exterior en la que no dé el sol y regándolo de vez en cuando. La siguiente temporada lo recuperaremos.

Un cesto para Navidad

Hemos usado la maceta de ciclámenes para decorar en época navideña. Tan solo la hemos introducido en un cesto rústico (con la precaución de forrarlo con plástico para evitar humedades) y hemos creado un ambiente muy navideño usando distintos portavelas: el cubo de hojalata y la botella, además de los adornos de papel con forma de estrella de nieve.

Al ciclamen también se le llama violeta persa por el color de sus flores.

Prímulas, bellis y jacintos
un jardín en la ventana

Las prímulas, también llamadas primaveras, son preciosas flores de muchos colores que gozan de gran éxito tanto en interior como en exterior. Los bellis son originales margaritas con pétalos en forma de largos pelos también con profusión de colores. El jacinto es tan solo una presencia señorial en este conjunto que fabrica una primavera a medida.

Flor
Primula acaulis,
Bellis perennis,
Hyacynthus
(prímula,
bellis,
jacintos)

Materiales
Macetas pequeñas de prímulas, bellis y jacintos
Un cesto de palma
Una tira de encaje
Adornos de tela

Consejo de experto
El bulbo del jacinto no se desarrollará si nos excedemos con el riego, ya que la humedad lo pudre. Tampoco le favorecen los cambios bruscos de temperatura.

CUIDADO DE LAS PRÍMULAS
No crece bien con calor, su **temperatura** ideal es de 14-18°C. Pide tierra húmeda, por lo que hay que **regarla** una vez por semana en invierno y cada dos días en verano. Hay que retirar las flores y hojas marchitas tras la floración.

ATENCIÓN AL BELLIS
También necesita bastante **riego** en verano y aunque soporta bastante bien el frío, las **heladas** le destruyen, por lo que es mejor mantenerla en interiores. Puede **florecer** en cualquier estación del año, sobre todo si se abona.

Centro floral combinado

Cada planta puede estar en macetas diferentes, aunque las prímulas y el bellis pueden compartir terreno. No así el jacinto, que crece mejor con su propia maceta. Las hemos introducido en un cesto aprovechando bien el espacio como si se tratara de un todo y lo hemos adornado atando alrededor una tira de encaje. El resto de la decoración es una manualidad de tela: un corazón de vichy como original etiqueta para hacer un regalo.

Aunque hemos seleccionado prímulas monocromáticas, es buena idea mezclar flores de distintos colores. Las prímulas pueden ser de una variedad de tonalidades muy amplia, desde blancas, amarillas, rosas y rojas, hasta tonos violetas y azules. En cuanto a los bellis, los más comunes son blancos, rosas y rojos. Los jacintos silvestres también presentan tonos violetas, mientras que el resto, suelen ser blancos o rosas. Si vamos a mezclar, elijamos el tono principal y sigámoslo.

Iris para una ventana
el rey de la casa

Flor
Iris germanica
(Iris)

También llamado lirio azul, el Iris germanica *se caracteriza por sus grandes flores de color violeta (aunque hay variedades de otros colores e incluso jaspeados) y por su perfume delicado, de manera que también puede secarse y formar parte del relleno de los clásicos saquitos aromáticos.*

Materiales
Una maceta de iris
Un cesto de mimbre
Legumbres y huevos de codorniz

RECIPIENTE ORIGINAL
Por su largo **tallo**, el iris crece bien erguido y admite todo tipo de recipientes. Una **botas** de agua llenas de tierra pueden ser una improvisada maceta divertida para un espacio más **informal**.

CUIDADOS DEL IRIS
No necesita mucho **riego**, es suficiente con regar una vez por semana. Le gusta la **luz** y soporta tanto el sol como la sombra. No es exigente con el **suelo** y solo le hace falta que le retiren las flores secas.

Consejo de experto
Para evitar que el sensible rizoma del iris se pudra, hay que evitar los encharcamientos y regar de forma moderada. El exceso de agua puede dañarle mucho.

Contraste casero

Para hacer este arreglo floral hemos seleccionado buenos bulbos de iris en flor y los hemos unido dentro de un cesto que hace las veces de macetero. La decoración en marrones es muy simple: basta con colocar sobre el sustrato un puñadito de legumbres. Los huevos de codorniz se vacían haciendo un pequeño agujerito y se colocan encima como parte de la ornamentación.

La *Iris germanica* es la variedad más común
entre los iris de jardín o de interior.

Geranios en tiesto
una flor muy mediterránea

Por su facilidad de cultivo y sus vivos colores, el geranio goza de gran popularidad. Es capaz de otorgar a cualquier espacio el aspecto de los patios mediterráneos, la esencia de la decoración más luminosa a través de las flores.

Flor

Pelargonium x hortorum (geranio)

Materiales

3 macetas de geranios rojos
Un soporte de forja

Consejo de experto

Los tallos desechados en la poda pueden servir de esquejes para propagar el geranio y crear nuevas plantas. Los esquejes se plantan en una mezcla de turba y arena y se dejan crecer protegidos por una capucha de plástico que garantice el calor. Se mantiene siempre húmeda la tierra levantando la capucha cada día para que respire hasta que aparezca el primer brote, cuando ya se puede destapar y cuidar como siempre.

ABONO

Saldrán más **flores**, más grandes y más bonitas si añadimos un **fertilizante** líquido cada 15 días mientras dure la floración.

MUCHO SOL

El geranio común tiene mucha necesidad de **luz** y soporta perfectamente el calor. En climas excesivamente cálidos, quizá se le puede **proteger** en las horas centrales. Si no tiene luz, se alechuga y no saca flores.

Estructuras de forja

Los útiles de jardín fabricados con forja pueden ser verdaderamente espectaculares. Hemos elegido una carretilla para tres macetas, pero existen todo tipo de formas, desde bicicletas, hasta soportes, estantes, escuadras o esquineras, etc. Son muy elegantes y resistentes, y jamás pasan de moda, aunque generalmente también son bastante caros.

ES FRIOLERO

Cualquier **temperatura** por debajo de 0 °C es perjudicial para el geranio, que no soporta las **heladas**. Por eso, las macetas del exterior deben meterse en casa durante la época más fría. También puede protegerse en el exterior con plástico.

RIEGO

No hay que regarlo mucho. El exceso de **agua** lo pudre, así que no debemos regar más de dos veces por semana en verano y en invierno, solo de vez en cuando. El **encharcamiento** puede ser fatal para esta planta, de manera que nos aseguraremos de tener un **suelo** bien drenado.

PODA

Hay que **despuntar** el geranio cada vez que una flor se marchite. Eso garantiza la salida de nuevas flores. También conviene **podar** en primavera todos los tallos.

Yuca isla

un oasis para un rincón

Planta

Yucca elephantides (yuca pie de elefante)

Materiales

Una yuca pie de elefante

Piedras y tierra

Una maceta grande y alargada

Consejo de experto

La reproducción de esta planta es sencilla cortando un pequeño esqueje del tronco y plantándolo o manteniéndolo en agua.

El rincón de la escalera

Procedente de Centroamérica, esta planta de interior con aspecto de arbolito de estilo palmera presenta un tronco alargado y erecto que termina en hojas largas y puntiagudas. Su aspecto exótico y su fácil cuidado han hecho de ella una planta muy popular.

CÓMO CULTIVARLA

Si se va a cultivar en **exteriores**, hay que contar con un **clima** cálido y lejos de las heladas o no sobrevivirá. Además, no resiste en terrenos muy húmedos o climas lluviosos y le gusta mucho la **luz**, pero no el sol directo. Si las hojas amarillean es señal de que tiene demasiada luz.

Si es para **interior**, resulta más fácil de cuidar, porque se pueden prever todos los factores de riesgo. Por ejemplo, basta con colocarla cerca de una ventana para garantizar el suministro de luz. La **temperatura** de la calefacción no suele suponerle ningún problema y en verano, se puede sacar al jardín o a la terraza.

El mayor riesgo del cuidado de la yuca es el exceso de **riego**, por lo que conviene tener una medida estándar: regar una vez a la semana en verano y una vez cada 20 días en invierno. No olvidemos tampoco que necesita un buen **drenaje** y nunca permanecer encharcada.

No es especialmente amiga de **abonos** ni fertilizantes. Mientras crece, hay que cambiarla de maceta cada año y cuando el tamaño se estabiliza, se puede dejar en una de modo fijo, cambiando un poco el sustrato cada año. Bien cuidada, dará preciosas **flores** blancas con forma de campana.

La maceta rústica y vanguardista es mucho más grande y alta de lo que verdaderamente necesita esta planta, pero nos servía para dar la impresión de islote apartado con una única palmera en su centro. Se rellena con tierra o arena, poniendo cuidado en la zona superior, con tierra de mejor calidad para el cultivo de la yuca. Colocamos arriba piedras bonitas blancas para facilitar el drenaje y embellecer.

Bonsái japonés
ambiente minimalista

El arte de cultivar un árbol en miniatura y crear una escena natural a través de la poda o el pinzado es una herencia china y japonesa a toda la humanidad. Es tan hermoso que no hace falta añadir ninguna decoración, ya que nuestro arbolito genera su propio lenguaje en el espacio.

Planta
Viburnum tinus

Materiales
Un bonsái *Viburnum tinus*
Tierra y guijarros blancos
Una maceta blanca

Consejo de experto
La poda del *Viburnum* hay que hacerla en la época de crecimiento cortando dos pares de hojas cuando el tallo ya tenga entre 6 y 8 pares.

QUÉ ÁRBOL ESCOGER
Casi cualquier árbol es susceptible de convertirse en bonsái, desde el **pino**, el **arce**, el **roble**, el **fresno** o los **frutales**. Aquí hemos escogido un arbusto oriental, el *Viburnum tinus*, que da flores blancas en primavera.

CUIDADOS
El *Viburnum* necesita pleno **sol** y **riego** abundante, sobre todo en la temporada más cálida. Poner **abono** en primavera y en otoño le ayudará a hacer su cambio cromático estacional con más belleza.

Guijarros decorativos

Las clásicas piedras planas y ovaladas, de cantos suaves, que pueden encontrarse en la playa, o simplemente la gravilla, pueden tener una utilidad decorativa, ya que embellecen el exterior de la planta, pero además sirven para mantener mejor la humedad de la tierra que hay debajo. Por eso es una buena idea colocarlos en la maceta de este precioso bonsái.

Olivo entreculturas
asiático y mediterráneo

Planta
Olea europaea (olivo)

Materiales
Una maceta-vasija de barro blanco
Piedras blancas y tierra
Un olivo

Consejo de experto
El tronco del olivo suele retorcerse de forma natural, aunque puede obtenerse también a través de guías. Los ejemplares viejos presentan troncos muy retorcidos y gruesos.

Todo el simbolismo del olivo para la cultura mediterránea se presenta en forma de bonsái, en un claro cruce cultural con la tradición asiática de los árboles en miniatura. Por ser un árbol con enraizamiento fácil y fuerte, es una variedad más proclive a convertirse en bonsái.

CUIDADOS GENERALES

El olivo necesita **sol**, así que en las temporadas cálidas se dejará el bonsái al **aire libre**, aunque si el invierno es duro, debería **protegerse** e incluso guardarlo en una zona interior convenientemente iluminada.

El **riego** del olivo será más intenso en la época en que rebrota, pero sobre todo, más que el agua, es fundamental que tenga un buen **drenaje** y que entre riego y riego, se seque el sustrato.

Se puede **abonar** cada mes entre la primavera y el otoño, porque eso le ayudará a crecer mejor, aunque debe suspenderse el abono en la temporada más calurosa.

Lo más importante es hacer bien la **poda**. Si se poda profundamente, reacciona sacando más brotes, así que debemos ser cuidadosos. La poda de mantenimiento para ir dando forma al arbolito se hace colocando primero **alambres** guía en las ramas jóvenes. Se deja crecer y entonces es cuando se poda cortando hojas. Los cortes pueden cubrirse con **pasta selladora** porque así el resto del árbol no pierde savia.

El rincón de la escalera

Una forma de embellecer aún más este olivo bonsái es usar como recipiente una vasija sencilla de barro en color blanco con su propio platito. Una vez haya arraigado y empiece a verse con una forma bonita, podemos decorar la superficie de la tierra con guijarros de color blanco. Es un conjunto ideal para un patio mediterráneo en tonos claros.

Flor de corte

Las flores no son simplemente un elemento decorativo. A sus propiedades aromáticas y a su belleza podemos añadir un efecto casi medicinal para el ser humano, ya que a través de ellas expresamos nuestros sentimientos más profundos de amor, gratitud o disculpa.

Para **regalar** flores a los demás o a nosotros mismos, lo mejor es aprender a hacer **arreglos florales** con nuestras propias manos, ya que nada define mejor lo que sentimos que aquellos presentes en los que invertimos tiempo y creatividad.

Vamos a aprender a crear todo tipo de presentaciones decorativas partiendo de conjuntos de flores tan simples como el **ramillete** o la **flor solitaria** en un jarrón, para después pasar a generar **ramos** mucho más complejos que combinan varios tipos de flores y **bouquets** que pueden regalarse en múltiples ocasiones o servir incluso como **ramo de novia**, ya que nadie notará la diferencia con aquellos que pueden comprarse en las floristerías.

Por supuesto, no estamos hablando solo de flores tan imponentes como **orquídeas, tulipanes y rosas**, sino que buscamos elementos naturales tan sencillos como el fruto del **serbal** o las **bayas silvestres** para crear otro tipo de centros naturales mucho más rústicos, entre los que destacan las **coronas** y los pequeños **candelabros**.

Un punto y aparte merecen las técnicas de **secado de flores** para conseguir ambientadores naturales que aromaticen una habitación, los armarios o los cajones aprovechando hasta el final aquellas flores que un día formaron parte de un ramo fresco.

Jacintos silvestres
para un ambiente natural

También llamado nazareno, por su característico color violeta, los jacintos silvestres se presentan en plantas con tallos largos y firmes que terminan en inflorescencias muy densas y ovaladas con al menos entre 10 y 15 pequeñas cápsulas.

Flor
Muscari neglectum
(jacinto silvestre)

Materiales
9-10 tallos de jacintos silvestres
Una cinta de organza blanca

Consejo de experto

El jacinto silvestre florece a mediados del invierno y se mantiene hasta la primavera, de manera que es un adorno floral que puede animar interiores en épocas del año en las que hay menos variedad de flores.

RECOLECCIÓN

Hay que buscar esta planta en los campos de cultivo, viñas, olivares y terrenos abiertos de **Europa**. Es fácil que se propaguen en un **jardín**, pero hay que saber que es **invasivo** y que puede convertirse en plaga.

MUCHOS NOMBRES

El jacinto silvestre recibe muy variados **nombres populares** relacionados con su apariencia: **jacinto racimoso, azulete, lloricas** (forma de lágrima) o **moras**, son algunos de los más conocidos.

Realizar ramilletes

Aunque no tiene la apariencia decorativa de una flor, estos tallos terminados en cápsulas violetas pueden ejercer el mismo papel que las espigas de trigo: otorgan un ambiente rústico y natural que recuerda al campo con poco esfuerzo. Basta con arracimar unos cuantos tallos en cierto aparente desorden y anudar un lazo delicado de organza para que no pierda la forma. Es exquisito como adorno personal de cubierto en la mesa.

Jacintos silvestres
Realización del arreglo floral paso a paso

El poder evocador y la belleza de una planta silvestre no debe desestimarse ni tampoco arrinconarse con respecto a flores de salón como pueda ser la rosa. Esta planta que florece en racimos puede tener mil usos decorativos en casa, como simple ornamentación que rememore un ambiente rústico, pero también es útil como ambientador casero, simplemente colocando sus flores en un plato o cenicero.

CORTE

La planta tiene un porte de hasta **30 cm** de altura, por lo que a la hora de recolectar los tallos, debemos ser generosos y aplicar la tijera dejando un tallo bastante **largo**. Esto impedirá que se estropee durante el traslado a casa (ya que normalmente se recolectan en el campo) y además nos dará libertad a la hora de preparar distintos arreglos florales según sean las necesidades de cada pieza. El **corte** debe ser limpio y un poco inclinado, evitando que pierda demasiados fluidos.

FLORES

Las flores que se encuentran en la **parte superior** son **estériles** y más claras, mientras que las de la **parte inferior**, más oscuras y grandes, son **fértiles**, así que las podemos utilizar para crear nuevas plantas y garantizar nuestra propia **cosecha** anual.

RAMOS

No es necesario ser un experto en técnicas de floristería para confeccionar ramos de jacintos silvestres. Cortaremos los **tallos** a la medida deseada e iremos uniendo unos con otros hasta formar un gracioso **ramillete** que podemos unir con una **goma**.

Es una planta que agradece los climas templados como el mediterráneo, aunque es muy resistente durante la temporada fría.

Cultivo del jacinto silvestre

Es una planta muy poco exigente en cuanto al terreno, del que solo requiere un buen drenaje y riego moderado. Resiste bien la sequedad y el frío y crece feliz en zonas con sol. Hay que plantar las semillas en otoño a poca profundidad (unos 5 cm). Con cuidados muy sutiles, crecerá de forma autónoma y dará flores cada año, aunque puede agotar la tierra de nutrientes y entonces necesitará abonado.

Si mantenemos los jacintos silvestres en macetas también florecerán y adornarán la casa durante casi cuatro meses al año.

RECIPIENTES

Por ser una planta tan sencilla y natural, el jacinto silvestre pide un recipiente **humilde**. Una taza, una jarrita lechera, un vasito e incluso un platito o cuenco puede ser el envase ideal, sobre todo si está fabricado en materiales naturales, como la **porcelana** y si es de **color claro**, para destacar la tonalidad malva de las flores. Hay que poner **agua** hasta la mitad del recipiente para conservar los jacintos más tiempo. No necesita mucho cuidado, ya que de forma natural puede crecer en terrenos pedregosos y secos.

CAÍDA

Dependiendo de la **largura de los tallos** podremos obtener un ramo erguido y tieso o bien, uno cuyas flores globosas caigan hacia abajo, venciéndose un poco por fuera del recipiente. Es una solución estética muy bonita, porque esa **languidez** ofrece un ambiente más dulce y romántico.

RAMITOS SUELTOS

Como con cualquier flor **silvestre**, se puede crear un pequeño **escenario** natural alrededor del recipiente, simplemente dejando algún **ramito** suelto sobre la mesa, aunque también sería válido en este caso desgranar alguna **flor** globosa y esparcirla bajo el arreglo floral como si se hubiera caído.

La densidad de los racimos es lo que da belleza a las piezas, cuyo color recuerda a los ambientes provenzales creados con lavanda.

Margaritas de colores
para adornar una estantería

Aunque las llamemos comúnmente margaritas, estas variedades en colores vivos son en realidad crisantemos; de hecho, se les suele llamar «crisantemos margarita» por su semejanza con esa flor.

ORIGEN

El crisantemo procede de **Asia**, aunque es la flor más vendida en Europa por su gran capacidad decorativa. Está cargada de **simbolismo**, de manera que en Asia significa longevidad y sabiduría, aunque en Occidente se haya empleado muchas veces como ofrenda a los difuntos. Sin embargo, su colorido hace que sea utilizada como flor **ornamental** tanto en interiores como en exteriores, y se usa mucho en todo tipo de ramos y arreglos florales.

VARIEDAD Y FÁCIL CULTIVO

Los crisantemos no necesitan grandes cuidados, no son especialmente delicados, son muy **resistentes** y conservan sus **flores** la mayor parte del año. Además, existe un inmenso **surtido** de variedades, tanto en formas como en colores, para diseñar decoraciones.

LUZ

Les gusta más la **luz natural** del exterior, pero resisten bien en interiores si se orientan adecuadamente para que puedan abrirse todas sus **flores** (con poca luz no se abren). Aunque les gusta la luz, no soportan bien el **calor** ni las corrientes de **aire**.

De entre las más de 200 especies de crisantemos que existen, tenemos también los decorativos crisantemos pompón.

Arreglo floral minimalista

Cortando los tallos con una medida más larga que los vasitos, podemos agrupar las margaritas de dos en dos creando gamas de colores cálidos. Para no robar protagonismo a la belleza humilde de esta flor, hemos utilizado unos floreros de gran sencillez: se trata de vasos blancos de melamina sin ningún adorno, con la ventaja de que son prácticamente irrompibles. Las flores quedan sueltas, apoyadas en un lateral del vaso, que está lleno de agua.

Para hacer este arreglo floral también podríamos emplear margaritas gerbera, flores muy interesantes, ya que purifican el aire.

AGUA

La planta del crisantemo nunca debe estar encharcada. Hay que procurar que esté siempre **húmeda**, porque las flores tienden a marchitarse si no tienen suficiente agua. Si se riega bien y tiene luz, la **floración** puede durar hasta 10 semanas seguidas. Es importante retirar las flores que ya estén secas o marchitas, pues de lo contrario no dará flores nuevas. Si la planta está en el interior, hay que **pulverizarla** con agua tibia de vez en cuando, sobre todo si hay calefacción.

TEMPERATURA

Los crisantemos son enemigos de las temperaturas **extremas** y tanto el calor como el frío intenso los matan. Una temperatura de **18 ºC** es la media ideal y no debe exponerse directamente al **sol**, ya que entonces los pétalos de las flores y las hojas se queman.

USOS

Además de su uso como planta **ornamental** para decorar, tanto en maceta, como haciendo ramos y arreglos, poca gente sabe que los crisantemos tienen varios usos **medicinales**, por ejemplo hacer una infusión con sus flores para combatir los síntomas de la gripe.

Además de los crisantemos, podemos usar todas las variedades de Asteraceae, *que se caracterizan por su botón amarillo y sus pétalos alargados.*

Calas clásicas
para un salón neutro

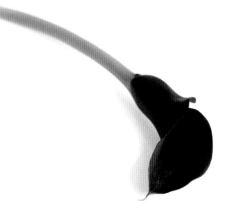

También llamadas lirios de agua, las calas son unas flores muy ornamentales por su forma de tulipa acampanada invertida. Las más clásicas son las blancas, pero se pueden cultivar en otros colores, como el amarillo, los rosas y violetas, o los naranjas.

CARACTERÍSTICAS Y CUIDADOS

Cultivar calas para tener una **flor de corte** con la que generar centros muy bonitos no es complicado. La cala bien cuidada florecerá desde finales de la primavera y se mantendrá durante todo el verano. Es de **ciclo anual**, así que durante el otoño se marchita para volver a florecer en el siguiente ciclo. Pueden cultivarse en exterior y en interior siguiendo una serie de pautas.

En primer lugar, la planta debe estar protegida del frío intenso, ya que mueren con el hielo y prefieren **climas templados**. Su lugar favorito en el jardín es una zona de **semisombra** porque la luz directa del sol le afecta tanto en las flores como en las hojas. Eso sí, necesita bastante luz.

En cuanto al riego, hay que tener en cuenta que la cala es una planta **semiacuática**, así que lo mejor es tenerla parcialmente sumergida en agua, en terrenos muy húmedos o al borde de un estanque. En interiores, hay que asegurar ese permanente **encharcamiento** por medios artificiales. El exceso de agua debe darse solo durante el periodo de floración, de manera que en su periodo de reposo, en otoño e invierno, se mantenga seca. Para favorecer esa floración anual hay que retirar las flores ya marchitas o no crecerán otras nuevas. Se puede **abonar** el terreno en el que crece con un poco de fertilizante orgánico, pero no es muy exigente en cuanto a la tierra.

Las calas se utilizan especialmente en centros florales para la **Pascua** y sobre todo, como flor principal de los **ramos de novia** usando las de color blanco, ya que simbolizan la inocencia y pureza, pero al mismo tiempo es una flor sensual. No obstante, debemos ser pruedentes con las calas, porque son flores **venenosas** y sus raíces portan multitud de toxinas.

Materiales

3 calas rosadas
Cordel rústico marrón
3 botellitas de cristal
Listones de madera
Sierra, punzón y lija
Laca blanca
Cola de carpintero

Consejo de experto

Para fabricar el centro de madera sobre el que se sostienen los floreros hay que preparar un **tablero** rectangular en el que se tallarán las bases redondas de las botellitas con un **punzón**. Se lija bien y se cortan y pegan los **listones** de madera que forman el resto del recipiente.

Centro transparente

Esta flor especialmente diseñada para decorar individualmente por su tallo grueso y su delicada flor ofrece un resultado tan hermoso como sutil. En este caso, hemos introducido tres calas de tallo largo en botellitas de cristal transparente con el único adorno de un remate de cordel rústico en la embocadura. El centro está hecho con unos listones de madera lacados en blanco.

Freesias silvestres
para un ambiente romántico

Flor

Freesia x hybrida (freesia)
Gypsophila paniculata
(paniculata)

Estas alegres flores africanas con forma acampanada y multitud de tonos de color tienen un penetrante y delicioso aroma que perfumará cualquier estancia en su época de mayor esplendor: la primavera.

Materiales

Freesias amarillas y rosadas
Varios ramilletes de paniculatas
Una goma
Un bote de cristal mediano
Una cinta de raso blanca

Consejo de experto

En este ramo hay flores totalmente **abiertas** y otras que están aún en el proceso de **capullo**, así garantizamos tanto el aroma como la durabilidad.

PERFUMADAS

Si hemos cultivado freesias y empiezan a perder su característico aroma, deberíamos añadir un fertizante rico en **potasio** a su tierra. Las freesias amarillas son más duraderas que las rosas.

COLOR PREDOMINANTE

Al plantar los **bulbos** de freesias deberían colocarse separados por colores; de lo contrario, los colores se mezclarán y con el tiempo tenderán a una predominancia del color **amarillo y anaranjado.**

Arreglo sencillo

Para confeccionar este ramo, hemos escogido freesias que combinen en tonalidades rosas y amarillas, a las que hemos añadido unos ramilletes de paniculata, las pequeñas florecillas blancas que sirven de follaje en floristería. Basta con crear un ramo con gracia y unir los tallos con una goma para después introducirlo en un bote de cristal con agua. El toque final es la cinta de raso con un lazo alrededor de la embocadura.

Freesías sílvestres
Realización del arreglo floral paso a paso

El bouquet de freesias es tan alegre como elegante. Los tallos de esta planta pueden alcanzar los 50 cm de longitud, así que resulta interesante desde el punto de vista manipulativo. También el colorido variado hace de esta planta un comodín en cuestiones ornamentales. Al ser una de las primeras flores de la primavera, suele resultar tremendamente agradecida, justo en el momento en que más estamos deseando alegrar el entorno con flores después del largo invierno sin color.

BASE

La mayor parte de los trabajos de ornamentación floral se construyen sobre una base de **espuma** especial que mantiene la **humedad** y es **blanda**, pero firme. De este modo, se pueden pinchar en ella los tallos de las flores que formen el centro y quedarán erguidos y además durarán más tiempo, gracias al suministro de agua. Suele comercializarse en color **verde** o **marrón**, para simular el fondo de tierra o vegetal. Hay que colocarlo en el fondo del recipiente antes de hacer el bouquet.

SELECCIÓN

Las flores de la freesia están dispuestas en **espigas** con un **tallo curvado** del que salen varios capullos. Debemos elegir aquellos que contengan las flores más bonitas, pero no necesariamente deben estar todas **abiertas**, ya que así irán abriéndose con el tiempo.

CONJUNTO

Para unir unos tallos con otros, tenemos que colocar las flores hacia **fuera** creando un conjunto que poco a poco tome **forma circular**. Hay que prestar especial atención al **colorido** cuando mezclemos las flores entre sí. Todos los tallos quedarán juntos en el centro.

La forma de abanico plano de la freesia da facilidades a la hora de colocar sus ramas en forma de ramo.

Cuidado de la freesia

Hay que plantar los bulbos y mantener un terreno bastante húmedo hasta que termine el periodo de floración. Es una planta que requiere pocos cuidados: es suficiente con vigilar que esté en semisombra (sin sol directo), añadir un poco de abono suave y mantener un buen riego. Ni siquiera es necesario podarlas, ya que las flores caen por sí solas si no se retiran y vuelven a florecer en la siguiente primavera.

Son mucho más vistosas si se mezclan sus colores en un solo ramo bien agrupado que si se eligen resultados monocromáticos.

UNIÓN

Cuando tengamos el diseño general del **bouquet**, solo necesitaremos ir añadiendo más espigas de flores hasta conseguir el **grosor** más adecuado, que dependerá del uso. Para un **ramo** de mano no necesitaremos tantas como para un **centro** de mesa. Para inmovilizar las flores, usaremos una goma que una todos los tallos y cortaremos los excedentes con **tijeras** de jardinería hasta dejarlos a la misma altura. Las flores deben quedar juntas, pero no apretadas.

REMATES

Es hora de añadir el **follaje** que dé otro tono de color y más cuerpo a nuestro bouquet. Podemos usar la socorrida **paniculata** blanca, unas florecitas de uso común en las floristerías. Después, recortamos los tallos y volvemos a fijar el conjunto con otra **goma** que ya no se moverá más.

RECIPIENTE

El bouquet puede colocarse en un recipiente decorativo, como esta **maceta rústica** elaborada con cerámica y pintada de manera irregular. Dentro puede haber agua, pero es más útil usar la **base** de la que hemos hablado al principio, ya que garantiza el suministro de humedad constante.

Entre las tonalidades más habituales de freesia, destacan los rosados, amarillos, naranjas y lilas, pero también los rojos y azules.

Tulipanes rosas
para una mesa de madera

Flor
Tulipa gesneriana (tulipán)

Materiales
5 tulipanes rosados
5 botellas de cristal transparente

Consejo de experto
Elijamos tulipanes que aún no se hayan abierto del todo para el florero y usemos los pétalos de uno que comience a marchitarse para la decoración de la mesa.

El tulipán es uno de los reyes entre las flores de corte para crear ramos y centros. Su impresionante entidad individual lo hace proclive a arreglos de gran sencillez que muestran la flor en su esplendor sin necesidad de acompañamientos ni decoraciones más complejas.

CÓMO CULTIVARLOS

Los mejores bulbos de tulipán tienen un **calibre** de 11/12. Si escogemos bulbos pequeños, los tulipanes también serán pequeños, así que elijamos un buen tamaño desde el principio. Si no se van a plantar enseguida, hay que guardarlos en un lugar seco y fresco. Los plantaremos en **otoño** en un terreno que drene bien, porque si se encharca, los bulbos se pudren. Al plantarlos hay que enterrarlos al menos a 15 cm de **profundidad** y con cierta distancia entre ellos.

Como todas las flores, necesita luz, pero no sol directo, así que hay que mantenerlos en **semisombra**. Tampoco le gusta el calor y resiste muy bien el **frío** y al viento, de manera que hay que dejar que crezca en el exterior y solo pasarlos a interior cuando ya estén bien desarrollados. El tulipán no necesita generalmente abonos ni fertilizantes y crece hasta alcanzar unos 20 cm de altura de media, sacando flores solitarias en **primavera** que resultan muy decorativas tanto en jardines como en el interior de la casa.

Cuando las **flores** se marchitan hay que cortarlas por la base (también pueden cortarse en plena efervescencia para hacer ramos). Unas cuatro semanas después de que caigan todas las flores se pueden volver a **cosechar** los bulbos, guardarlos en un lugar seco y fresco y volver a iniciar un ciclo como el que acabamos de explicar.

Cómo lucirlos

En una botella de cristal exquisitamente limpia y mediada de agua, se introduce un único tulipán que muestre tanto la flor como parte del tallo. Su posición natural erguida es lo que le da ese porte señorial que no necesita aderezos. Como única decoración, basta con esparcir algunos pétalos sueltos a su alrededor.

Tulipán Triumph
para un ambiente rústico

Flor

Tulipa Triumph (tulipán Triumph)

Desde que en el siglo XVI el Imperio Otomano introdujera los bulbos de tulipán en Occidente, esta maravillosa flor no ha dejado de ejercer su encanto, convirtiéndose en algunos periodos históricos en una verdadera fiebre: la tulipomanía.

Materiales

12 tulipanes Triumph bicolores
Una regadera antigua
Cuerda rústica

BICOLORES

El colorido de los tulipanes depende de su composición y sus **pigmentos**, pero hoy en día las distintas variedades se **hibridizan** consiguiendo tulipanes de una hermosura y originalidad sin igual.

CONTRASTE

Deliberadamente, el recipiente es muy **rústico** para ensalzar la belleza y el porte de los tulipanes. Una regadera restaurada otorga un aire **vintage** y **chic** sin robar protagonismo a las flores.

Consejo de experto

El ramo de tulipanes no debe contener solo las flores, sino engrosarse con sus tallos verdes complejos, porque le dan cuerpo y un aspecto mucho más natural.

Tipos para todos los gustos

Aunque para este arreglo hemos seleccionado tulipanes de la variedad Triumph, existen muchas clases de tulipanes igualmente formidables y llamativos, entre las que destacamos el tulipán Rembrandt, que presenta estrías o llamaradas de distinto color, o el tulipán Papagayo, que tiene los bordes de la corola totalmente retorcidos y encrespados, como si fueran plumas.

Tulipán Triumph
Realización del arreglo floral paso a paso

La variedad Triumph es un tulipán más adecuado para hacer ramos por su gran tamaño, su infinidad de colores y sus tallos mucho más firmes y resistentes. Su propio nombre ya hace presagiar un tulipán majestuoso que, si permanece en tierra, ofrece todo un espectáculo en un jardín durante la primavera, aunque es excelente como flor de corte con la que confeccionar arreglos florales como el que presentamos.

SELECCIÓN

Media docena de cada tono de color ya podrán formar un ramo muy vistoso y de gran grosor. Hemos elegido la combinación de **rosa** fuerte o fucsia y **rojos**, pero siempre suavizados por la zona **blanca** o cuando menos mucho más suave de la parte superior. Hay que cortarlos con **tijeras de podar** haciendo un corte limpio y transversal en el que se incluya la flor y parte de su **tallo**. Es mejor cortarlos cuando están a punto de abrirse, pero aún no han completado el ciclo.

MEZCLA

Hemos colocado los tulipanes de manera que no todos los de un color u otro queden agrupados, sino mezclados entre sí. Así obtenemos un **conjunto** mucho más alegre, imitando el desorden natural de los **parterres** que se suelen cultivar en los jardines.

RAMO

No es necesario formar un ramo sujeto con una goma, ya que los tulipanes se mantienen muy bien de pie y con tal cantidad de flores es difícil que pierdan la **forma**. Los colocamos dentro de una regadera **reciclada** que previamente hemos llenado de agua.

Una solución sencilla para guardar los bulbos de tulipán antes de plantarlos es dejarlos en la parte más baja del frigorífico.

Florero con bulbos

Una forma única de decorar con tulipanes es buscar un florero específico de vidrio para bulbos en el que podemos colocar un lecho de piedras bonitas y a continuación el bulbo de tulipán bien asentado y con la parte en pico hacia arriba. Ponemos agua sin que cubra al bulbo. De este modo, las raíces del tulipán crecerán hacia abajo y la flor terminará brotando hacia arriba.

Elegir una variedad Papagayo tampoco es mala idea: suelen ser bicolores y la parte alta de la corola es muy original.

ARREGLOS

Hay que **recolocar manualmente** las flores para que luzcan en su esplendor. Deben sobresalir entre las zonas verdes y quedar bien repartidas en el interior de la regadera. Además, podemos girar y forzar un poco las **hojas** de los tallos para que caigan hacia abajo, decorando el conjunto con más efectividad. Si es necesario, podemos sacar alguna flor y **recortar** de nuevo el tallo a la medida que nos resulte más útil para el conjunto. También podemos inclinarlas o moverlas a nuestro antojo.

TRUCO

Atravesar una **aguja** de coser en el tallo justo por debajo de la corola, hará que los tulipanes se mantengan bien **erguidos** cuando empiecen a perder su mejor aspecto. Este truco simple hace que las flores duren hermosas mucho más tiempo y parezcan siempre como recién cortadas.

MANTENIMIENTO

Se puede añadir al agua un **conservante** específico para ramos de flores con la finalidad de que los tulipanes aguanten frescos más tiempo. Un clásico es añadir **agua** según se vaya consumiendo, pero sin desechar la que aún queda. Y sobre todo, coloquemos el recipiente lejos de las corrientes de **aire** y el **sol**.

La mejor temperatura para cultivar tulipanes es de unos 15 °C. Con luz, un suelo mullido y buen riego, es un éxito garantizado.

Serbales rústicos
para un rincón de lectura

¿Por qué restringir la decoración natural al uso de las flores? El pequeño árbol Serbus aucuparia o serbal de los cazadores, que crece en libertad en zonas boscosas, posee unos frutos con forma de pomo rojo tan bonitos, que los cazadores los utilizan como cebo para atraer a los pájaros.

Fruto

Serbus aucuparia (serbal de los cazadores)

Materiales

3-4 ramas de hojas y frutos de serbal
4 botellitas de cristal
Un cajón porta-leche antiguo

Consejo de experto

La siembra de serbales es sencilla enterrando las semillas recién recolectadas en una maceta. Puede tardar un año en germinar, pero casi siempre se logra un buen ejemplar.

CULTIVO

Es una buena idea plantar un serbal en el **jardín**, por su capacidad ornamental y pocos cuidados. Puede colocarse tanto al **sol** como en **semisombra** y necesita mucha **humedad** y buen **drenaje**.

FLOR Y FRUTO

Las flores, en **primavera**, son de color **blanco**, mientras que los característicos frutos **rojos** aparecen a final del **verano** y se mantienen hasta bien entrado el invierno. Pueden usarse para hacer licor.

Reciclaje natural

Un soporte antiguo para botellas de leche sirve como exclusivo y original centro, que en este caso no es floral, sino frutal. Se pueden usar pequeñas botellas de cristal mediadas de agua para conservar ramos de serbal silvestre y dar un toque de color muy interesante a cualquier rincón. Nuestra idea sirve también como tope para libros en una librería, sobre todo en estéticas de casa de campo.

Peonías románticas
un ricón con sentimiento

El perfume que desprenden las grandes flores de la peonía impregna el ambiente de un aire oriental y delicado difícil de superar. Para este centro hemos seleccionado peonías Mons Jules Elie, una variedad de flores dobles, por su gran capacidad ornamental.

Flor

Paeonia lactiflora (peonía variedad Mons Jules Elie)

Materiales

6 peonías variedad Mons Jules Elie de color rosa pálido
Un tarro de cristal
Un lazo de seda rosa

Consejo de experto

La peonía es una planta que crece con mucha lentitud, pero a cambio es muy longeva y bastante resistente a las adversidades atmosféricas.

CÓMO CULTIVARLAS

Es mejor plantarlas en **tierra** que en maceta. Le gusta la **semisombra** y el **riego** bastante frecuente. Un consejo: las **semillas** pueden tardar hasta tres años en brotar, así que no es apta para jardineros impacientes.

MEJOR CON AYUDA

Las peonías de flores dobles como estas necesitan la ayuda de **tutores** para crecer bien, ya que las **flores** pesan mucho y pueden vencer al **tallo** con facilidad, estropeando el aspecto general de la planta.

Arreglo floral de aniversario

Es la flor ideal para hacer un bouquet sencillísimo con el que transmitir sentimientos románticos en un aniversario de boda. Basta con cortar los tallos y reunir media docena de peonías rosas en un ramo que introducimos en un frasco de cristal con agua. Podemos adornarlo atando una cinta de seda rosa en la embocadura con un lazo.

Peonías románticas
Realización del arreglo floral paso a paso

*E*s sencillo encontrar peonías rosas y blancas, unos tonos suaves que combinan bien entre sí y que simbolizan la pureza y la inocencia, convirtiéndola así en una de las flores más indicadas para realizar ramos de novia o de las damas de honor. En todo caso, es una flor tremendamente femenina que en cierto modo recuerda a la rosa, pero que tiene la ventaja de carecer de las incómodas espinas a la hora de portar un ramo.

SELECCIÓN

Aunque las peonías más vistosas son las de **doble flor**, podemos mezclarlas en un ramo con peonías de **flor simple**, que solo presentan una hilera de **pétalos** y que recuerdan un poco a la forma de la amapola silvestre. En nuestra selección, es importante escoger flores ya abiertas por su belleza, pero también otras en **capullo**, porque dan **volumen** al ramo y sobre todo, porque esta flor continúa floreciendo aunque se haya cortado, de manera que el ramo durará mucho más.

UN TOQUE VERDE...

El mejor **contraste** con los colores pastel de las peonías es el verde intenso logrado con sus propias **hojas**. Al cortar, no separemos únicamente las flores y busquemos aquellas que presenten también tallos y hojas **brillantes** y en buen estado.

... Y OTRO BLANCO

No todas las flores deben ser rosas, sino que introduciremos algunas blancas para dar variedad y sugerir la idea de la **boda**, la **pedida**, etc. Estas flores tienen un **aire rural**, pero al mismo tiempo muy **sofisticado**, **exótico** y sin lugar a dudas, con una finura especial.

Otro motivo para elegir peonías en un ramo de novia es la época, ya que florecen en primavera y verano, en tiempo de bodas.

Rosa sin espinas

Con este sobrenombre se conoce muchas veces a la peonía para tratar de explicar su estatus como flor de corte. Pero la característica que más atrae de esta flor es su gran resistencia, ya que un ramo puede permanecer fresco y como recién hecho durante algo más de una semana. La variedad de colores también puede ofrecer a las novias un resultado original: las peonías fucsia destacarán intensamente sobre el vestido blanco.

Una de las flores más fáciles de mezclar con la peonía es la rosa Tudor o rosa inglesa, ya que es muy parecida, pero tiene un catálogo de colores más extenso.

EL BOUQUET

La peonías deben colocarse de manera que se aprieten entre sí dando una impresión muy **mullida** y **voluminosa**, pero sin que lleguen a deteriorarse y sin que ninguna de ellas pierda su espacio ni su protagonismo. Lo mejor es colocar una en el **centro** e ir situando las demás a su alrededor, afianzando con **gomas** cada vez que lo necesitemos para que ninguna se mueva de su sitio. Cuando tengamos el ramo completo, enrollaremos una **cinta de organza** rosa alrededor terminando con un lazo.

TRUCO DE CORTE

Para cortar las peonías usaremos **tijeras de podar** y cortaremos en recto, dejando al menos **20 cm** de tallo para poder manipular bien la planta después a nuestra conveniencia. Podemos aprovechar la **poda anual** de mantenimiento para retirar flores con vistas a generar un ramo.

LA MEJOR OCASIÓN

Ya hemos hablado de que es la flor perfecta para **bodas**, pero no olvidemos otras citas sociales donde será muy apreciada, como una fiesta de **graduación** o una **puesta de largo**. Cualquier ocasión que resalte el sentimiento del amor o la feminidad es ser el mejor momento para lucir un ramo de peonías.

A las peonías les disgustan los trasplantes, prefieren vivir tranquilas en el mismo lugar y lo agradecen durante hasta un siglo.

Rosas vintage
para regalar en un aniversario

Flor
Rosa x damascena (rosa de Damasco)

La rosa de Damasco es un híbrido de otros dos tipos de rosa, la Rosa gallica y la Rosa moschata, que se caracteriza por su fragancia. De hecho es una variedad muy utilizada en la fabricación de aceite de rosa y agua de rosa.

Materiales
15 rosas de Damasco rosas
Una goma
Una taza de cerámica

Consejo de experto
Al secar y reducir a polvo los pétalos de rosa de Damasco se obtiene una especia que puede enriquecer el sabor de postres como los yogures, los helados o las mermeladas. Si se cuece, se obtiene agua de rosas.

FLORES DOBLES
La rosa de Damasco presenta flores dobles con muchos **pétalos** que se disponen en forma de **rosetón** y su tonalidad va del **rosa** pálido hasta el **rojo**. Hay que ser precavido con el **tallo**, pues tiene muchas **espinas**.

SOLO CULTIVADA
No es posible encontrar rosas de Damasco **silvestres**, solo puede darse cultivada. A pesar de su nombre, no está claro que proceda de Damasco (**Siria**) y es posible que realmente venga de **Inglaterra**.

La sencillez por bandera

Este bouquet es el obsequio ideal para sorprender a la pareja en la bandeja del desayuno de la mañana del aniversario de boda. Son flores casi silvestres, pero conservan cierto glamour y perfuman el ambiente. Los bordes doblados de las flores no afean el ramo, sino que ofrecen una estética vintage de estilo inglés.

Feliz
Aniversario

darling

Cola de gato
una guirnalda para la puerta

Planta

Salix caprea (sauce cabruno o cola de gato)

Materiales

Ramas de *Salix caprea* de distintos grosores con yemas
Cordel fino

Consejo de experto

A esta planta le gusta mucho el agua, así que es buena idea colocarla cerca de un estanque artificial en un jardín.

El sauce cabruno es un arbusto o árbol pequeño. Las yemas de las que brotan sus flores y frutos, cuando brotan, presentan un característico aspecto, con óvalos pilosos de color blanco o plateado similar al algodón.

CÓMO CULTIVARLOS

El hábitat natural de este árbol o arbusto es en las cercanías de **bosques** de hayas o abetos, pero no es en absoluto imposible que pueda cultivarse en un **jardín**. Necesitará un **suelo** arenoso y de tierra suelta, además de un lugar que sea bastante **húmedo** y que tenga **luz**. No le destruye el sol directo, pero prefiere más bien zonas umbrías.

Tampoco le disgusta el **frío**, así que soportará bien las heladas invernales sin protección, ya que es una especie que crece en zonas altas de forma natural. Se puede utilizar como **seto** para un jardín, pues tiene la peculiaridad de crecer muy deprisa.

En floristería, se valoran mucho sus **ramas** singularmente decoradas y se cortan de forma transversal para aprovechar la capacidad ornamental, solas o acompañadas de otras plantas y flores, de esos tallos erectos que presentan **yemas** ovaladas y algodonosas.

Se pueden hacer **arreglos florales** muy simples colocando **piedras blancas** en el fondo de un recipiente de **cristal** e introduciendo las ramas de sauce de pie, a distintas alturas, fijas entre las piedras. Si son ramas muy largas, adornan mucho desde el suelo hasta media altura y no necesitan casi mantenimiento, con una apariencia de **espiga** aterciopelada muy sugerente.

Corona silvestre

Las ramas más gruesas y flexibles, aunque no tengan yemas algodonosas, pueden servir de base para la corona. Basta con hacer un círculo con las manos e ir fijando la forma atando cordel para mantener el aro. Las ramas con yemas irán en la parte de fuera, también fijadas con cordel, de manera que las terminaciones de las yemas salgan hacia afuera.

Rosas pastel
un aroma de contraste sutil

El grupo de rosas grandifloras son unas flores modernas logradas con el cruce de rosas de té y rosas floribunda. Hay muchos tipos, aunque quizá las más espectaculares sean las creadas por el estadounidense Walter E. Lammerts, como la rosa Charlotte Armstrong, la Queen Elizabeth o la Chrysler Imperial.

Flor
Rosa grandiflora

Materiales
12 rosas grandiflora de color rosa pastel
Ramilletes de paniculata
Una goma
Un tarro de cristal

Consejo de experto
En tan solo un año, un rosal de la variedad grandiflora puede crecer más de 1,5 m y ni siquiera necesita de tutores.

FLORES DURADERAS
Las grandiflora es una flor cuyos **pétalos** presentan una textura especialmente **sedosa**. Su forma es muy duradera incluso después de cortarse y tiene un **aroma** muy profundo. Solo hay que tener cuidado con sus **espinas** punzantes.

POCOS CUIDADOS
Un rosal grandiflora necesita dos **abonados** anuales y una **poda** en invierno que le ayudará a volver a florecer. Solo hay que tener en cuenta que cuantos más **brotes** dejemos, más flores saldrán, pero de menor tamaño.

Para el día de la madre

Ninguna mamá podrá resistirse a este precioso bouquet cargado de romanticismo. Para lograrlo, hay que cortar los tallos con la misma altura que el tarro. La colocación de las flores comienza poniendo una rosa en medio, se rodea de pequeños ramilletes de paniculata y, sobre esa base, se van colocando las demás rosas, siempre separadas por las paniculatas blancas. Una vez terminado, se sujeta con una goma y se introduce en el recipiente con agua.

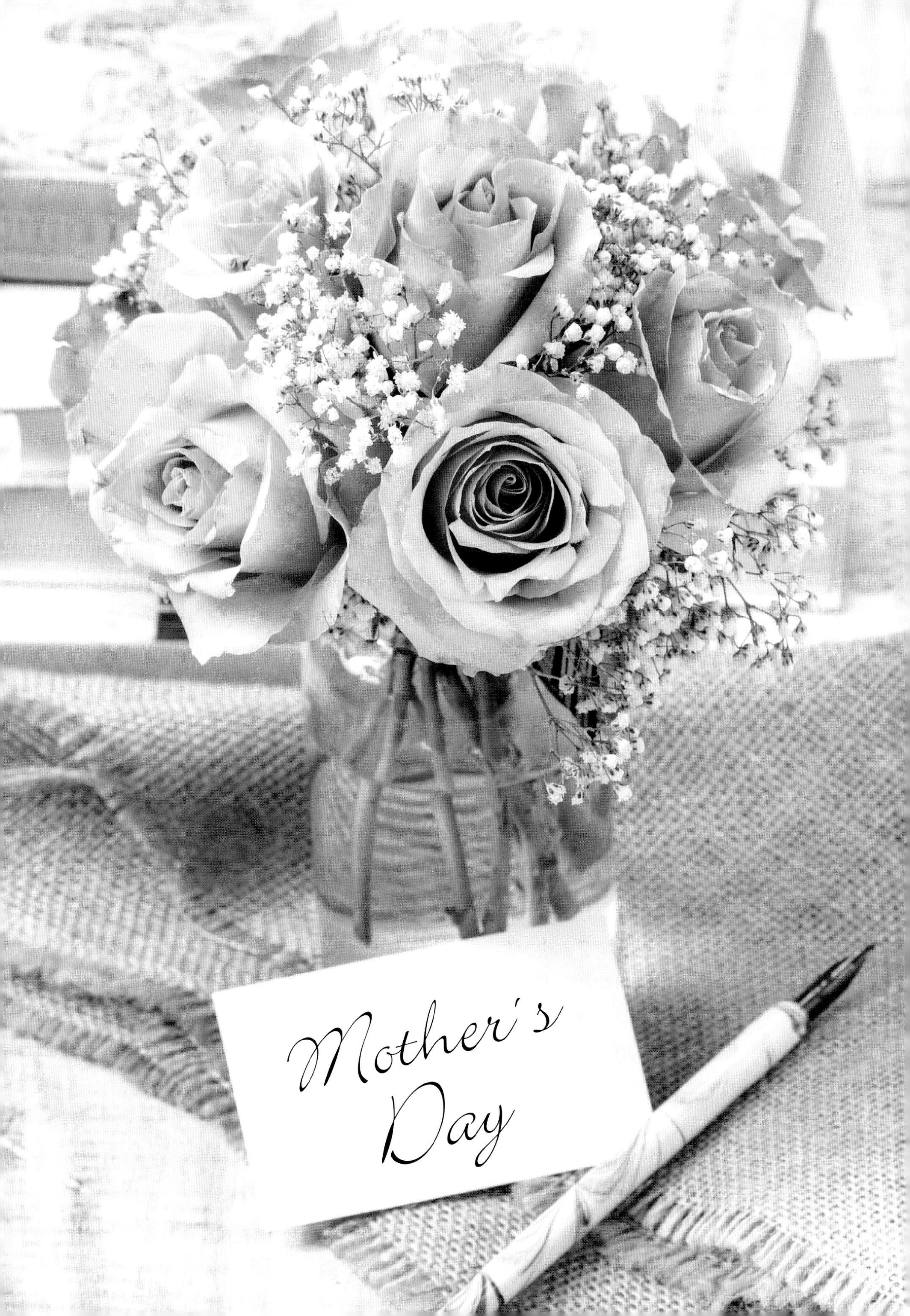
Mother's Day

Rosas pastel
Realización del arreglo floral paso a paso

No es tan difícil hacer un centro floral para una ocasión especial. Es cierto que dejar la decoración con flores a los profesionales resulta más sencillo y eficaz, pero lo que hagamos por nosotros mismos tendrá un valor sentimental doble que suplirá los posibles defectos del aficionado. Este centro es de los más sencillos de realizar y resulta muy válido para bodas y bautizos por la suavidad de sus colores rosas y blancos.

MATERIALES

Para hacer un centro floral de rosas digno de una ceremonia importante, vamos a necesitar materiales de jardinería como unas **tijeras de poda**, una **base de espuma** y diversos tipos de **flores frescas** ya cortadas. Siempre las cortaremos con el tallo muy largo para garantizar su colocación, ya que podemos recortarlo mientras trabajamos. Además, necesitaremos un **recipiente** que nos guste y que estéticamente sea adecuado para el lugar decorativo que va a ocupar.

BASE

El soporte puede ser de **arcilla** o de **espuma** y debe recortarse a medida según sea el recipiente que vayamos a usar (en este caso, rectangular). Hace las veces de «tierra» y en él se podrán clavar después los tallos de las flores, quedando perfectamente colocadas y húmedas.

CORTE

Usando la tijera de podar, cortamos de forma transversal los **tallos** con una **altura** siempre mayor que la del recipiente. Es una cuestión que va en gustos y dependerá de si queremos un centro más o menos alto y voluminoso. Las **paniculatas** las cortamos más altas que las **rosas**.

La rosa puede mezclarse también con flores como el tulipán o la peonía, si buscamos una combinación de color similar.

Tendencias de moda

Los recipientes de los centros florales han cobrado un gran protagonismo en las últimas décadas. Hay muchos estilos, pero algunos están en tendencia, como el vidrio transparente y los pequeños jardines flotantes. La cerámica y los recipientes con un aire un poco rústico en tonos apagados (grises, verdes, marrones) también han revivido con fuerza marcando un estilo campestre renovado.

Si usamos un recipiente transparente, como el cristal, no debe verse la base de espuma, así que la sustituiremos por canicas bonitas con un resultado mucho más imaginativo.

COLOCACIÓN

Empezamos colocando las rosas. Las pincharemos en lugares estratégicos bien **separadas** unas de otras. Con media docena de rosas quizá sea suficiente si son lo bastante grandes y lucidas. Después, elegimos ramilletes de paniculatas a **distintas alturas**, de manera que vayan tapando todos los **huecos**. La impresión general tiene que ser la de un arbusto natural que creciera así y no puede verse de ninguna manera el fondo sobre el que se están clavando las flores, de manera que hay que cuidar la **espesura**.

MEZCLA DE FLORES

Usaremos rosas que tengan un desarrollo similar. En este caso, no vamos a poner **capullos** cerrados ni tampoco rosas muy abiertas, sino que todas serán seleccionadas de manera equivalente. Las paniculatas se usan como **follaje**, claveteadas para dar soporte a las rosas, verdaderas protagonistas.

RECIPIENTE

Una vez elaborado el centro, se introduce en el recipiente que hemos seleccionado, cuidando de que las paniculatas caigan por los laterales. Hemos elegido un cajón rectangular de **madera envejecida** para lograr un **contraste** entre el lujo y la delicadeza de las flores y lo rústico y natural de su recipiente.

También podemos sustituir la espuma de la base por grava fina que ejerza de soporte. Clavamos los tallos igual y se sostienen con las piedrecitas.

Ramo de paniculatas
para un día inolvidable

Flor
Gypsophila paniculata
(paniculata)

Materiales
Ramilletes de paniculata
Una goma
Una cinta de organza en blanco y
plata

Consejo de experto
Si cultivamos paniculatas en el jardín
podremos disfrutarlas en la época
estival, que es cuando florece. No
tolera las bajas temperaturas, así que
solo es apta para climas templados.

La paniculata, utilizada habitualmente como relleno en ramos y centros, es en este caso la protagonista de un ramo de novia diferente. Es una magnífica opción: son flores delicadas y sencillas, de aspecto muy silvestre, muy manejables, fáciles de combinar y además muy económicas.

VARIOS TIPOS
La variedad **Bristol Fairy** presenta el color **blanco** ideal para las bodas, pero la variedad **Flamingo** tiene las flores de color **rosa** pálido, mucho más original, sobre todo cuando se trata de **flores dobles**.

CUIDADOS DE CULTIVO
Las raíces de la paniculata necesitan **suelos profundos** y un **abono** de liberación lenta en primavera. El **riego** debe ser abundante durante el invierno, pero dejando que se seque el suelo entre los riegos.

Ramo para novias soñadoras

Cortamos los tallos de paniculata bastante largos y las vamos colocando de manera que queden con forma redondeada y esponjosa, muy tupida. Apretamos los ramilletes entre sí y recolocamos manualmente las pequeñas florecillas hasta que el resultado sea perfecto. Entonces colocamos la goma para impedir que se deshaga. Una cinta de organza blanca y plateada con calados es perfecta para el toque final del lazo.

Centro rústico
portavelas de flores y frutos

Flor
Flores y frutos silvestres

Materiales
Parafina de 65°
Estearina
Aceite esencial de madreselva

Consejo de experto
Para fabricar una vela de forma casera necesitaremos también un molde cilíndrico, una varilla guía una mecha y un ojalillo metálico.

Las velas y las flores tienen un referente común, ya que ambas parten de elementos naturales. Es una combinación que puede resultar acertada en decoración de interiores para rincones íntimos o de meditación, pero también alegres lugares en los que se quiera transmitir vitalidad.

VELAS SIN PELIGRO
La vela siempre debe colocarse más **alta** y sobresaliente que los adornos del portavelas. De este modo, nos aseguramos de que no ocurran accidentes con la **llama**, que podría prender lo que haya alrededor.

ACEITE ESENCIAL
Los aceites esenciales con aromas silvestres no son difíciles de encontrar en el mercado. Hay que elegir uno adecuado con su decoración campestre, como la **verbena** o el **musgo**.

Vela aromática

Tenemos que derretir la parafina al baño María y añadirle el 10% de estearina. Revolvemos y añadimos unas gotas de aceite esencial de madreselva. Volcamos la mezcla en un molde para velas tubulares y colocamos la varilla guía en el centro. Cuando haya empezado a solidificarse, retiramos la varilla e introducimos una mecha encerada. Dejamos endurecer, desmoldamos, colocamos un ojalillo por debajo y cortamos el excedente.

Centro rústico
Realización del arreglo floral paso a paso

Con elementos muy comunes, tomados directamente durante un paseo por el campo, se pueden elaborar preciosos centros de mesa como el de este ejemplo. Se trata de dotar de pura naturaleza un rincón sin que necesariamente haya que gastar dinero o tener demasiado glamour. Es un retorno a lo natural en un concepto que otorga valor a los pequeños detalles fabricados a mano con materiales alejados de las floristerías.

FLORES

Hemos escogido solamente florecillas silvestres de color **amarillo**, porque dan un toque de color de contraste y son muy luminosas. Aunque la flor amarilla silvestre más conocida es el **diente de león**, existen multitud de variedades de flores del mismo tono que crecen en libertad y que podemos encontrar en los márgenes pedregosos de los caminos o en mitad del campo. Son válidas las flores de arbustos como la **mimosa**, la **genista**, la **retama** o el **astrágalo**, entre otras muchas.

ESCARAMUJO

El toque rojo lo dan los frutos del **rosal silvestre** o escaramujos, que además recortaremos con parte de su rama y hojas. Si encontramos un rosal silvestre con frutos, es buena idea recogerlos, ya que tienen propiedades medicinales y son muy ricos en vitamina C.

FRUTOS

Hemos seleccionado frutos como el **arándano azul** y las **moras**. Y también podemos añadir frutos con aspecto de pequeña bolita verde, como el del **espino negro**, el **enebro** o el **cedro**, incluso cerezas y olivas que estén muy verdes, para completar el conjunto.

Estamos huyendo del convencionalismo de que todos los centros deban ser de flores y hemos introducido frutos como elemento decorativo.

Escaramujo beneficioso

El pequeño fruto del rosal silvestre tiene en su interior más vitamina C que el kiwi o la naranja. Es un potente antioxidante, tiene efectos astringentes, antiinflamatorios y cicatrizantes. Los frutos pueden comerse frescos, pero de la planta pueden aprovecharse las hojas y los pétalos de las flores para hacer infusiones. Incluso se puede usar los frutos para hacer mermeladas.

Para plantar un rosal silvestre, hay que retirar las semillas que se encuentran dentro del fruto del escaramujo y plantarlas. No necesitan de cuidados, salvo riego moderado.

CORTE Y COLOCACIÓN

Debemos cortar los tallos **a medida**, justo para que se sostengan desde la base del recipiente hasta colgar un poco por los laterales. Primero colocaremos la vela en el **centro** y aprovecharemos el hueco que deja para ir colocando las flores de una manera equitativa. Una vez colocadas las flores, comenzaremos a salpicar los **huecos** con distintos frutos. Podemos hacer mezclas geométricas, en las que los frutos estén en grupos del mismo color, o bien todo lo contrario: dispersando el colorido por todo el espacio disponible.

TRUCO PARA LOS FRUTOS

Para que las moras y los arándanos se mantengan en su sitio y de pie, podemos pincharlos en un **palillo** que ejercerá de tallo artificial. De ese modo, los frutos nunca rodarán ni se caerán del recipiente. Si por el efecto del calor, se secan o se arrugan, podemos sustituirlos por otro fruto más **fresco**.

PRECAUCIÓN

Cuando la vela comience a **consumirse** y baje de nivel acercándose a la base de flores y frutos, debemos sustituirla por una **nueva**, más larga, para evitar que la llama pueda alcanzar la parte vegetal. Las velas medio consumidas pueden **reciclarse** y usarse para hacer una nueva vela.

Además de arándanos y moras, podemos usar frambuesas o grosellas para centros donde el color predominante sea el rojo.

Bouquet primaveral
para una ocasión especial

Flor
Tulipa geseneriana (tulipán)
Rosa grandiflora (rosa)
Hyacinthus (jacinto)

Materiales
12 rosas rojas, rosas o anaranjadas
12 tulipanes rojos, rosas o
anaranjados
4 ramas de jacintos rosas

Consejo de experto
La espiga llena de flores del jacinto
suele ser azul, malva o blanca. Esta
variedad rosada está fuera de lo
común y resulta muy bonita.

Mezclar las variedades de rosas y tulipanes más llamativas con unos jacintos nos ha dado como resultado un bouquet con una intensa gama de colores cálidos que realmente da la bienvenida a la época primaveral.

SIEMPRE FRESCO
Para que un ramo de flores variadas se conserve fresco más tiempo, hay que seguir una serie de pasos. En primer lugar, antes de hacerlo hay cortar las flores a **primera hora** de la mañana. El ramo debe colocarse en un lugar donde no le dé la luz del **sol** directamente, donde no esté junto a la **calefacción** y donde no haya corrientes de **aire**. Dar un **corte** sesgado a los tallos antes de montar el ramo ayuda a mantener la humedad después. Podemos añadir **conservantes** al agua y cambiarla a diario. Por último, podemos **vaporizarlas** con agua de vez en cuando.

Ramo para regalar

Los tulipanes llevan parte de sus tallos, mientras que rosas y jacintos se han cortado aprovechando solo las flores. Hemos agrupado rosas rojas por un lado y anaranjadas por otro, de tres en tres, o si son pequeñas, de cinco en cinco. En el centro colocamos los tulipanes y vamos rodeándolos con los ramilletes de rosas. Cuando tenga suficiente volumen, cerramos el bouquet con la presencia de los jacintos.

Flores de jacinto

Existen recipientes específicos llamados
jacinteras para cultivar los bulbos en humedad,
pero impidiendo que el agua los pudra.

Galanto delicado
campanillas de invierno

Flor
Galanthus nivalis (galanto)

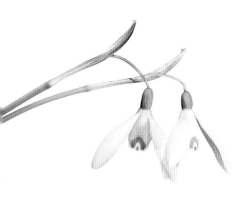

Materiales
Una huevera
Un huevo
3-4 galantos
Una cinta de algodón en vichy rojo

Consejo de experto
Plantarla bajo árboles o arbustos es una buena idea, porque esa ubicación la ayuda a prosperar.

El Galanthus *recoge unas 20 especies de plantas bulbosas cuya flor solitaria y pendular, de un blanco exquisito, recuerda a la nieve entre la que es posible verla brotar en ocasiones, puesto que crece de forma natural en bosques muy húmedos sin importarle las bajas temperaturas.*

CÓMO CULTIVARLOS
Cualquier jardín con zonas en **semisombra** en un lugar de clima **húmedo** y **fresco** es bueno para cultivar bulbos de galanto y que se reproduzcan fácilmente de forma natural.

MUY PARTICULAR
El galanto tiene **tres pétalo**s externos y tres internos con forma de **copa**. Esa forma de campana, su color **blanco** en contraste con el verde tallo y su manera de **colgar** son muy características.

Desayuno muy romántico

Los pequeños detalles del día a día agradecen la compañía de las flores, como en este mínimo arreglo en el que hemos roto irregularmente la cáscara superior de un huevo, lo hemos vaciado y limpiado, y lo hemos usado como original florero, colocando en su interior unos galantos. Colocado en su huevera y con un lazo alrededor en vichy rojo, puede acompañar la bandeja del desayuno en un aniversario.

Galanto delicado
Realización del arreglo floral paso a paso

Por su color, es una flor muy bien recibida como decoración en bodas que se ofician en invierno, estación en la que hay poca variedad de flores donde escoger. Hacer un bouquet de galantos para una novia diferente, sencilla y etérea, o preparar pequeños centros florales para adornar la mesa tras la ceremonia pueden ser dos combinaciones muy aceptables de trabajo con esta flor singular que simboliza la esperanza, pues crece a través de la fría nieve.

LA FLOR

El galanto tiene un blanco en verdad **inmaculado** y presenta un bonito contraste con sus partes verdes, pero tiene la desventaja de ser muy **pequeña**: son flores con un tamaño medio de 2 o 3 cm, por lo que para realizar cualquier arreglo será necesario disponer de un buen **número** de flores. Las elegiremos de la variedad doble, que son más llamativas, o bien con las flores aún sin abrir del todo, pues entonces la forma **redondeada** será mucho más sugerente y el ramo quedará mejor construido.

EL BOUQUET

Seleccionamos al menos **30 flores** de galanto. El **tallo** no mide nunca más de 15 cm, así que hay que aprovecharlo bien. Las de tallo más largo se colocarán en el **centro** y a su alrededor, haciendo la clásica **forma** redondeada, iremos fabricando el bouquet en disminución.

REMATES DEL RAMO

No dejaremos que las flores **cuelguen**, sino que las colocaremos todas mirando hacia arriba. Con **hojas de hiedra**, envolvemos los galantos y sellamos todos los tallos con una **goma** apretada. Podemos colocar una **cinta de raso** blanca o verde para ocultarla.

Para recrear un ambiente de bosque en un jardín privado con galantos, podemos añadir hojarasca al suelo. Crecerán mejor.

Entre los neveros

Su frágil apariencia no refleja su verdadero espíritu de resistencia, pues esta florecilla es una verdadera rompenieves capaz de perforar la capa más dura y helada de nieve para aparecer triunfadora sobre ella. Como su floración se produce en la primavera temprana, suele aparecer antes del deshielo, soportando el frío mejor que las demás flores.

Toda la planta del galanto posee un alcaloide (la galantinina), que tiene usos medicinales sobre la musculatura y las secuelas de la poliomielitis.

SELECCIÓN

Para hacer un centro de mesa no necesitamos galantos tan **cerrados** y podemos aprovechar todas las flores **abiertas** con su característica y graciosa forma de **campanilla**. Las colocaremos como en el bouquet, de manera que las de tallo más largo queden centradas y el resto vayan ocupando un lugar alrededor. Es un trabajo que exige cierta paciencia y en el que a veces hay que volver a empezar para buscar el **ramillete** perfecto. Las flores que se rompan tendrán que ser desechadas.

GRUPO

El grupo de galantos no quedará tan **ordenado** ni **apretado** como en el bouquet, sino que tendrá una apariencia más desordenada y **natural**. No obstante, podemos asegurarlo, bien en un recipiente **estrecho** en el que no queden huecos, o bien colocando una **goma** un poco suelta.

COLGANTES

En el caso del arreglo floral para colocar en las **mesas** sí resulta interesante la forma **pendular** de los galantos y podemos permitir que los que estén en los **laterales** cuelguen alargando un poco el ramillete y dando una sensación de sauce llorón muy romántica, acorde con una celebración de boda.

Debe su nombre a la combinación griega gala *(«leche») y* anthos *(«flor»), por su precioso color blanco.*

Ramas de frutales
para decorar con agua

Almendros, cerezos, manzanos y perales tienen una floración similar en la que sus ramas se cubren de flores blancas de tal belleza que muchas personas quedan extasiadas con el paisaje que producen en primavera. Trasladar ese rinconcito de naturaleza a casa no es imposible.

Flor
Cerasus (cerezo)

Materiales
Una silla de madera antigua
4 ramas de cerezo
3 botes de cristal de distintos tamaños y formas

Consejo de experto
Si tenemos un huerto con frutales, hay que aprovechar la poda anual para sacar estas ramas. La poda ayuda al árbol a producir más fruta.

ESPECTÁCULO PRIMAVERAL

El cerezo en **invierno** se queda sin hojas y su apariencia casi todo el año es más bien triste, pero en **primavera** brotan cientos de flores blancas o rosadas tan hermosas, que no podemos renunciar a este arreglo.

ESTANTERÍA ORIGINAL

Un escalón de los que habitualmente se usan en la cocina puede servir de improvisada **estantería** para colocar distintos recipientes adornados con estas **flores** que se recogen en el campo y dan vida a cualquier estancia.

Una silla con encanto

Una silla rescatada del desván del pueblo se ha restaurado lacándola en blanco envejecido para servir de soporte. Sobre ella, hemos colocado tres recipientes de cristal de distintos tamaños, formas y alturas, mediados de agua, en los que hemos introducido una rama solitaria o varias ramas juntas de cerezo en flor. Las flores que han caído forman parte de la decoración.

Rosas frescas
para un detalle primaveral

La rosa híbrido de té es una de las variedades más populares que existen entre las rosas modernas de jardín. Su increíble variedad de colores y su largo tallo las ha convertido en una de las especies favoritas para la fabricación de ramos como flor de corte, aunque no siempre resulta sencillo cultivarla.

Flor
Rosa híbrido de té

Materiales
3 rosas híbrido de té de color rosa
6 rosas híbrido de té de color blanco
Un ramillete de paniculatas
Un tarro de cristal
Una cinta de raso blanca estrecha

Consejo de experto
Aunque el arbusto del rosal de té resiste bien el frío, hay que proteger el pie tanto del frío como del viento en la estación más hostil.

ROSA HÍBRIDO DE TÉ
Es una flor **grande**, que crece de forma solitaria y produce además unos **capullos** muy alargados y elegantes. Suelen estar bastante **perfumadas**, aunque hay algunas clases poco aromáticas.

SU MEJOR ÉPOCA
Estas rosas florecen tanto en **verano** como en **otoño**, garantizando la belleza del arbusto casi todo el año. Las hay de todos los **colores**, e incluso existen ejemplares bicolores, exceptuando el azul.

Arreglo floral bicolor

Generalmente, las rosas híbrido de té se agrupan por colores para generar ramos de un solo color, pero su combinación puede resultar muy llamativa, como en este caso, en el que se han mezclado rosas de tono fucsia con blancas, añadiendo un toque de floristería en las paniculatas. El ramo es sencillo y con un simple tarro de cristal y una lazada de raso, obtenemos un bouquet muy agradable.

Creación propia

Rosas frescas
Realización del arreglo floral paso a paso

S i contamos con un matorral de rosas híbridas de té tendremos suficiente producción de flores como para hacer pequeños centros florales de gran fragancia que alegren la mesa cada día. Con pocos elementos y algo de práctica conseguiremos resultados casi profesionales invirtiendo un tiempo mínimo. En esta ocasión vamos a preparar un ramo tan válido para decorar un desayuno, como para adornar una pedida de mano.

MATERIALES

Necesitamos unas **tijeras de podar** para cortar las rosas. Al ser flores con **tallos** naturalmente **largos**, no tendremos problemas para adecuarlas a cualquier recipiente después. **El corte** debe ser **transversal** y seleccionaremos las rosas en función de la mata, evitando «pelar» demasiado una zona y ayudando al arbusto a mantener su apariencia florida de un modo equilibrado. Cortaremos varios tipos de rosas y también alguna rama con **capullos** sin abrir.

RECIPIENTE

Hemos elegido un tarro de **cristal** cuya **embocadura** es más estrecha que el cuerpo general. De este modo, impediremos que el ramo se expanda hacia los lados, deshaciéndose su forma. Su tamaño y altura no es mayor que el de un sencillo tarro de **conserva**.

EQUILIBRIO

Como el peso del **colorido** lo llevan las rosas **fucsias**, pondremos menos cantidad de este color que de rosas **blancas** y colocaremos las de tono más intenso en el **centro**, mientras que las blancas se irán hacia los **lados**. Los capullos pueden intercalarse en cualquier lugar.

La rosa híbrido de té admite cualquier tipo de suelo y, una vez cortada, aguanta bien en agua, aunque sea del grifo.

Muchos tipos de rosas híbridas de té

Entre los ejemplares de híbridos de té, destaca el rosal Carpice de Meilland, un arbusto que ofrece rosas grandes de aroma muy intenso y afrutado. El Princesse de Monaco es otro muy hermoso y además muy resistente. Otro tipo muy recomendable es el Phillipe Noiret, que da rosas amarillas casi doradas con el borde rosado especialmente originales.

Un arreglo como este permite el uso de otros tipos de rosas, como las rosas chinas, así como flores similares a la rosa en colorido y forma, como las peonías.

COLOCACIÓN

Cortaremos los **tallos** a la altura que queramos que sobresalgan las rosas del tarro, dejando todas más o menos a la misma altura. Primero introduciremos las del centro e iremos añadiendo las de los laterales con cuidado. Nos aseguraremos de que ninguna quede aplastada y que todas tengan suficiente espacio como para que su **corola** se vea con esplendor. Lo último que colocaremos será la **paniculata**, ya que ejerce a modo de follaje, rellenando los huecos que dejen las rosas en el conjunto final.

ADORNOS

Basta con rodear la parte superior del tarro con una **cinta de raso** blanca estrecha y hacer una lazada simple. Los cabos de la cinta pueden incluso arrastrar por la mesa, ya que le dan un aire **romántico** al ramo. Todos los días, cambiaremos el **agua** del recipiente sin remover por ello el arreglo floral.

LA MEJOR OCASIÓN

Este bouquet, a pesar del color rosa, conserva la **inocencia** blanca de las rosas y la paniculata. Por eso es muy indicado para **pedidas de mano**, celebraciones de **aniversario** de boda, **comuniones** e incluso **bodas** de ambiente silvestre en las que no se desee una decoración excesivamente formal o protocolaria.

Como los rosales necesitan una poda para garantizar la buena floración, podemos aprovecharla para hacer ramos.

Dried de rosas
un ambientador cálido

Cuando tenemos pequeños capullos de rosas con tallos muy cortos y no se pueden aprovechar para hacer ramos, siempre es posible utilizarlos como flores secas. No son solamente un adorno natural, es que además ejercen de ambientador en la casa inundando todo de aromas delicados.

Flor
Rosa x hybrida (Rosa enana, mini, miniatura o pitiminí)

Materiales
12-15 capullos de rosas de variedad miniatura en color fucsia
Un plato de barro

Consejo de experto
Un ramo de novia o un regalo sentimental también puede secarse como recuerdo siguiendo los mismos pasos.

EL CAPULLO

El mejor momento para **cortar** una rosa que se va a secar es justo antes de que se abra del todo, cuando el **capullo** comienza a florecer. Hay que tomar la precaución además de retirar los pétalos dañados.

UN CAMINO

Las flores secas pueden **adornar** un espacio romántico formando caminos sobre una **mesa**, o en el cuarto de **baño**, que recrea ambientes de paz espiritual o sensualidad, según el caso.

Cómo secar flores

El sistema más sencillo para secar flores es atar un cordel a cada flor y colgarlas boca abajo en un lugar en el que no haya luz y sí buena ventilación. Se dejan así durante al menos 10 días y se descuelgan. Antes de usarlas para decorar, hay que rociar las flores con un spray de laca o de barniz que garantice el brillo y fije los pétalos correctamente después.

Rosas secas
para aromatizar la comida

Flor
Rosa x hybrida (Rosa enana, mini, miniatura o pitiminí)

Materiales
2 capullos de rosa de variedad miniatura en color rosa
Un yogur en tarro de cristal
Una banda de encaje de crochet blanco

Consejo de experto
Los pétalos de rosa secos se utilizan sobre todo en la cultura árabe como condimento, fundamentalmente en la preparación de dulces.

Del mismo modo que se secan flores para usar como ambientador o con fines decorativos, podemos secar rosas para utilizarlas como condimento alimenticio. El delicado rastro de sabor que deja una rosa convierte en especial cualquier alimento, incluso este sencillo yogur natural.

¿SECAS O CONFITADAS?
Si se bañan los capullos de rosa en jarabe de **azúcar** y se dejan secar, se consiguen unas flores **confitadas** perfectas para decorar pasteles o cualquier otro dulce y que son totalmente comestibles.

ESTILO VINTAGE
Para dar un toque vintage al conjunto, hemos rodeado el tarrito de yogur con un fino **encaje de crochet** y lo hemos cosido en un lateral. Al añadir la rosa seca, el postre se engrandece.

Técnica de la arena

Ya hemos visto cómo secar flores al aire libre, pero existe otro sistema usando un cajón de arena (tipo playa) en el que colocaremos las rosas hacia arriba, cubriéndolas por completo. Las dejaremos dentro del cajón al menos dos semanas y cuando las saquemos, notaremos que no solo están perfectamente secas, sino que han conservado su aroma como si se acabaran de cortar.

Cualquier variedad de rosa se puede secar, pero es mejor usar flores de tamaño reducido.

Orquídeas elegantes
para un ambiente minimalista

Las orquídeas del grupo Phlaenopsis, *comúnmente conocidas como orquídeas mariposa u orquídeas boca, contienen unas 60 especies, muchas ellas híbridas, que se caracterizan por sus flores con tres pétalos y otros tantos sépalos y con un labelo interior trilobulado.*

Flor
Phalaenopsis (orquídea mariposa)

Materiales
2 o 3 ramos de orquídeas mariposa
de color rosa
Un florero de cerámica blanco

Consejo de experto
Esta orquídea puede florecer entre
dos y tres veces al año si tiene
condiciones favorables. Cada vara
puede llegar a tener hasta 30 flores y
puede durar en flor casi tres meses
seguidos, ya que las flores no se
marchitan hasta que haya terminado
de florecer la última de ellas. Cuando
el botón floral está a punto de
abrirse, no hay que cambiar de sitio
ni de condiciones la planta, porque
entonces sufriría estrés y la floración
no se produciría.

CÓMO CULTIVARLAS

Normalmente, las orquídeas se tienen en macetas en el hogar y son plantas muy **delicadas** y exigentes en cuanto a los cuidados. Necesitan **luz**, pero no debe darles el sol directamente. Su **temperatura** ideal son unos primaverales 24 °C, aunque con agua suficiente puede aguantar más calor. Sin embargo, tolera muy mal el frío y no puede desarrollarse por debajo de los 12 °C. Necesita también mucha **humedad**, por lo que hay que usar vaporizadores. Para regarla, lo mejor es la inmersión en un recipiente con agua, siempre mineral, durante unos minutos. Se pueden añadir **fertilizantes** líquidos junto con el agua del **riego** para mejorar su floración. Además, debemos asegurarnos de que no hay corrientes de aire, pero sí una buena ventilación, en el lugar en el que se encuentre nuestra orquídea.

TRASPLANTES

Es aconsejable trasplantar las
orquídeas cada dos o tres primaveras
eliminando las **raíces secas** y usando
un **sustrato** específico para
orquídeas.

Sencillez asiática

Para este arreglo floral nos hemos basado en la belleza natural de la orquídea Phalaenopsis schilleriana *sin ningún aderezo, dejando todo el protagonismo a esa delicada flor rosada. Hemos seleccionado las ramas con mayor número de flores y que contuvieran algunas yemas para embellecer el conjunto y las hemos colocado en un jarrón muy simple en un pequeño homenaje a su origen asiático, donde tan importante es el arte floral minimalista.*

EL COLOR

La *Phalaenopsis amabilis* tiene flores de color blanco y es más común que la *schilleriana*, pero destacaría mucho menos en este conjunto decorativo en el que el jarrón y la estantería forman un todo sobre la pared en tono crudo.

VARA FLORAL

Para que la planta pueda florecer cada temporada, lo mejor es **podar** las varas florales, aunque hay otras opciones: dejarla tal cual para que la planta decida si vuelve a florecer o no, y cortar solo la vara por encima del primer nudo.

Ikebana y decoración minimalista

La delicadeza del arte floral japonés es capaz de seducir a cualquiera que contemple un arreglo en apariencia sencillo, pero que tiene detrás muchas horas de trabajo y de sintetización espiritual entre los elementos naturales y la filosofía budista del que procede el Ikebana.

Desde el **siglo VI** hasta nuestros días, el Ikebana ha estado en constante evolución, pero sin olvidar jamás sus orígenes. Esta exquisita tradición que se traduce literalmente como **«flor viva colocada»** es una composición floral que trata de aparentar una gran **sencillez** y que no tiene un único propósito estético, sino que ayuda a entrenarse en cierta concentración con vistas a la **meditación**.

Para practicar Ikebana es necesario adquirir una serie de **materiales** específicos, como los recipientes de **cerámica** bajos y planos, el **kenzan** o pieza con pequeños pinchos sobre los que se sostienen flores, ramas y frutos, y unas **tijeras** específicas para este arte floral.

Además, hay que tener algunos conocimientos previos, ya que no se trata únicamente de colocar plantas en un recipiente, sino que busca una suerte de perfección en la que hay que utilizar solo **elementos orgánicos** hasta lograr un **triángulo escaleno** cuyos tres ángulos simbolizan el cielo, la tierra y el hombre.

Otra de las condiciones habituales en la práctica del Ikebana es mezclar con este hobby **factores espirituales**, como construir el arreglo floral en **silencio** y educar a través de él nuestro interior, incidiendo en aspectos como la **paciencia**, la cercanía a la naturaleza y la **relajación** del cuerpo y de la mente, que queda en cierto modo vacía durante la práctica de esta actividad.

Ikebana japonés
con iris blancos

Flor
Iris germanica (iris)

El triángulo escaleno necesario en cualquier composición de Ikebana en este caso queda enmarcado por el recipiente y los iris, si bien la rama seca prolonga el efecto visual de forma interminable con una elegancia que invita no solo a la estética, sino también a la meditación.

Materiales

2 iris blancos

Un ramillete de paniculata

Una rama seca de cerezo

Un recipiente de cerámica ovalado

Un kenzan

«IRIS GERMANICA»

Generalmente, esta variedad de flores se presenta en color **violeta** o **malva**; escoger las flores en **blanco** es por tanto original y atrevido, como si se tratara de un pequeño **desafío** a la naturaleza.

PANICULATAS

El follaje preferido en las **floristerías** occidentales es muy útil también en el arte floral japonés. Sus **tallos** rígidos y su poco peso favorecen la colocación en el conjunto, ofreciendo una visión **aérea**.

El blanco como motivo

Esta composición floral ha huido de toda gama de color otorgando protagonismo al color blanco como índice de pureza y limpieza espiritual. Con tan solo dos hermosos iris blancos y sus tallos lanceolados, así como la base de paniculatas, no necesita flores de más fuste para decorar. La rama de cerezo, casi seca, en la que apenas se adivinan algunos brotes o yemas, es una metáfora acerca de lo breve de la vida.

LA CERÁMICA

Una de las máximas del Ikebana es que los **materiales** utilizados en el arreglo floral deben ser **naturales**, por eso la preferencia por la cerámica para el recipiente.

LAS LÍNEAS

Además del **color** o la **forma**, la **línea** es muy importante en el arte del Ikebana. En este caso, la rama de cerezo se enmaraña y se inclina llevando la mirada más allá del arreglo floral, hacia un **infinito** aún por determinar. Esta visión proporciona **descanso** a la mirada, pero al mismo tiempo ayuda a la mente en la **concentración** de pensamientos más profundos.

EL CEREZO

También llamado **Sakura**, el cerezo japonés forma parte intrínseca de su **cultura** y tiene su propia festividad: el **festival de hanami**.

REFLEXIÓN

Durante el festival de hanami, las personas se reúnen para reflexionar sobre la **conexión con la naturaleza** y lo **efímera** que es la belleza o la vida, arropados por los hermosos cerezos en flor.

ESTILO MORIBANA

Es el más **moderno** de los estilos de Ikebana y admite flores extranjeras y con más color. Usa **recipientes** planos de tipo bandeja y se libera de los preceptos tradicionales más antiguos.

EL KENZAN

Para hacer una composición de Ikebana necesitamos tener un kenzan, que es una **pieza de plomo** con **pinchos** de bronce en los que se clavan los elementos (ramas, flores, etc.) del Ikebana.

Ikebana japonés
silvestre con frutos

Flor

Lex cornuta «D'Or», Prunus serrulata, Malva sylvestris

Materiales

Una rama de acebo D'Or chino con bayas

Hojas de cerezo japonés

Malvas silvestres

Hierbas blancas

Un jarrón dorado

Consejo de experto

Cuando utilicemos un florero para hacer Ikebana seleccionaremos siempre uno de boca estrecha. De este modo, no necesitamos usar un kenzan para dejar erguidas las ramas y flores, sino que se sostendrán solas. Es aconsejable usar también alguna hierba de follaje para asentar bien el conjunto sin que se mueva.

En este caso, las flores que se han escogido provienen directamente de un paseo por el campo, demostrando que una humilde flor silvestre no es menos hermosa que una flor de corte. A ella se ha añadido el colorido de los frutos y de las hojas, en una composición muy cromática que se sale de lo establecido en el arte Ikebana más tradicional.

HOJAS ROJAS

Muchos árboles adquieren esta tonalidad en otoño y cualquiera podría valer, pero hemos elegido las hojas del **cerezo japonés**, que en otoño son rojas, por su significado en la cultura oriental.

FLOR SILVESTRE

Hemos seleccionado la **malva silvestre**, que se encuentra fácilmente en los caminos y la hemos mezclado con **hierbas** en tonalidades blancas. El conjunto no puede desentonar y todos los colores tienen que presentar una **armonía**, a pesar de los distintos tonos.

BAYAS

Existen varios arbustos o árboles que tienen bayas **amarillas**. En este caso, hemos usado el **acebo D'Or chino**, pero valdrían igual las ramas de *Nandina domestica alba* o de acebo *apalachina*, en su variedad *aureo*. Todas ellas presentan esas bayas colgantes de color amarillo que son el alma de esta composición de Ikebana.

En un florero dorado

Hemos puesto agua en el florero antes de empezar a trabajar, pero sin llenarlo, sino dejándolo a un tercio de su capacidad. Primero colocamos la rama de bayas amarillas, para saber qué posición debe llevar y hacia dónde se inclinará. Entonces la asentamos usando las hierbas. Las hojas de cerezo se pegan después y las malvas se añaden en último lugar.

RAMA GUÍA

La rama principal debe tener una **medida** total que al menos sume el **ancho** y el **alto** del recipiente en el que se va a colocar.

SIN RECARGAR

El número de flores que hay que colocar no está establecido, pero se debe huir de la abundancia y tener siempre presente que el Ikebana es por definición **elegante** y **minimalista**, y trata de formar un triángulo sin excesos de ningún tipo.

Ikebana japonés
con calas y flor de cerezo

Flor
Zantedeschia aethiopica, Prunus serrulata (cala y cerezo)

La flor de la cala posee un tallo erecto muy adecuado para trabajos de Ikebana en los que los elementos parecen surgir como por arte de magia orientados hacia el cielo.

Materiales
2 calas blancas en la misma rama
Una rama de cerezo japonés en flor
Un florero negro con línea pintada
Un kenzan pequeño

Consejo de experto
La cala es una flor semiacuática que puede aguantar mucho tiempo fresca simplemente sumergida.

CUIDADOS
Nunca dejaremos el Ikebana en una zona **soleada** o perderemos las calas, que necesitan **sombra**. Vigilaremos que siempre tenga **agua** y que la **temperatura** no sea demasiado fría ni demasiado cálida.

FLORES CAÍDAS
En poco tiempo, las flores de la rama de **cerezo** comenzarán a caerse. Dejarlas al pie del arreglo floral no resultará feo, sino al contrario, visualmente es la representación de lo **efímero** de la juventud.

Conjunto alineado

Este modelo de Ikebana aprovecha la estética del mismo florero llevando la línea que está pintada en él hacia arriba al hacer coincidir esa línea con el tallo de la cala. Hace falta un kenzan muy pequeño en la base interna del florero para poder pinchar la cala en su lugar justo. La rama de cerezo florecida acompaña a las flores y las supera por detrás con su acostumbrado retorcimiento.

Ikebana japonés
con pino y crisantemos amarillos

Flor
Pinus sylvestris, Chrysanthemum x morifolium (pino y crisantemos)

Materiales
2 ramas de pino con piñas
10 crisantemos amarillos
Un recipiente de madera
Un kenzan

Consejo de experto
En Occidente el crisantemo es la flor para homenajear a los difuntos, pero en Oriente simboliza la longevidad.

El aroma del bosque se traslada a casa con este Ikebana singular, capaz de unir dos conceptos tan opuestos como el árbol silvestre y tosco con la delicadeza y el color de los crisantemos, que además tienen una unión especial con el pueblo japonés, ya que es la representación de su Casa Imperial.

ASIMETRÍA EN ARMONÍA

Para preparar este Ikebana hemos tenido en cuenta la máxima de crear una figura **asimétrica** que sin embargo destaque por su **equilibrio** y su armonía. Las **tres** ramas (dos de pino y una con el ramo de crisantemos) que conforman este conjunto se refieren a la concepción **budista** del Ikebana en la que una simboliza al **cielo**, otra a la **tierra** y otra al **hombre** y a través de las plantas, se busca una suerte de armonía cósmica.

Como todos, este Ikebana consta de una concepción **geométrica** en forma de **triángulo escaleno**, independientemente de su estilo y de las plantas utilizadas. Este se acerca a un estilo **paisajista**, mucho más **realista** que los arcaicos y que combina con todo tipo de flores, ya sean o no orientales.

Primero colocamos el **kenzan**, echamos agua en el recipiente y empezamos a colocar. Las ramas **secas** se centran y se ponen antes que las flores **frescas**. El resultado debe ser **dinámico**, tener movimiento, dispararse en alguna dirección, cosa que consiguen muy bien las ramas de pino por sus propias características. Los crisantemos, en cambio, por tener tallos cortos, se centrarán en la parte baja. El resultado es el de un jardín en miniatura imposible, ya que el pino y el crisantemo parecen crecer en común.

Casi una fuente

La ilusión de que las ramas y flores brotan directamente del agua no podría conseguirse jamás sin usar el kenzan. Las ramas de pino no se han colocado de forma casual, sino que están en perfecta armonía. Las piñas pueden pegarse al conjunto si no se dispone de ramas con ellas. Los crisantemos se colocarán en ramillete y todo el conjunto formará el famoso triángulo escaleno al unirse al recipiente.

MEJOR CON AYUDA
Las peonías de flores dobles como estas necesitan la ayuda de **tutores** para crecer bien, ya que las **flores** pesan mucho y pueden vencer al **tallo** con facilidad, estropeando el aspecto general de la planta.

Ikebana japonés
con una rama colgante

Se trata de un Ikebana especialmente diseñado para decorar un espacio interior pequeño. Como si se tratara de un tiesto colgado, puede quedar suspendido del techo a modo de original lámpara sin luz que sin embargo brilla por sí sola.

Flor
Rosa x hybrida y rama de frutal

Materiales
Una rama grande de frutal en flor
6 rosas miniatura rojas o fucsias
Un aro metálico con cadema
Un kenzan

Consejo de experto
Los capullos de rosas pueden ser frescos o secos. Si se pegan unos secos, el arreglo durará mucho más, ya que la rama no tiene tanta necesidad de agua y no tiende a marchitarse. Simplemente, perderá de forma paulatina las flores tomando un aspecto más otoñal hasta que se seque por completo.

EFECTO PODEROSO
Usando solamente un tipo de flor y un color, nos acercamos más a la **sencillez**, el equilibrio y la **paz** oriental que desde tiempo inmemorial trata de acercar el Ikebana al ser humano.

SIMBOLISMO
Cada planta utilizada en un Ikebana tiene un **significado** que queda apresado en el conjunto. En este caso, el frutal simboliza la **fertilidad** de la tierra y la rosa, el **amor**. Una flor seca hará referencia a épocas **pasadas**, pero el capullo se orienta hacia lo que está **por venir**.

SIMPLICIDAD
El **principio** oriental de la simplicidad a la hora de generar un centro floral se cumple plenamente con este Ikebana que solo consta de **dos elementos** naturales. La forma de la rama que se ha elegido es mucho más elocuente que su colocación o que las flores que la acompañan, dejando todo el peso estético a la misma **naturaleza**.

RAMA DE FRUTAL

Cualquier frutal es válido para utilizarse en este Ikebana. **Manzanos, ciruelos, cerezos o perales** en la temporada de floración presentan hermosas ramas cuajadas de **flores blancas o rosadas** muy vistosas.

ROSAS

Adheridas al pie de la rama principal, los **capullos** de rosas ofrecen un buen **contrapunto** a la rama y parecen crecer de ella con un colorido que resulta **exótico**. Podemos usar rosas **miniatura** para este arreglo, pues las grandiflora robarían protagonismo al otro elemento natural del triángulo.

Original recipiente circular

Este arreglo floral japonés es diferente a todos por el lugar en que se asienta. No se ha elegido un recipiente de cerámica, barro o madera que sea bajo, plano y rectangular, ni tampoco un florero, sino una arandela metálica que está suspendida del techo, obligando a todo el conjunto a tener una característica aérea y un movimiento pendular. Es fundamental contar con un buen kenzan que sostenga con firmeza la rama principal.

Ikebana japonés
con brotes verdes y flor de trébol

Flor
Trifolium repens (flor de trébol),
hedera (hiedra) *y rama de árbol*

Materiales

Una rama de árbol con hojas verdes

Flores de trébol secas en rama

Hojas de hiedra

Un kenzan

Un recipiente redondo bicolor

Consejo de experto

El recipiente que mejor mantiene la temperatura del agua es el que esté hecho con arcilla porosa, que impide que el agua se caliente.

Esta composición resulta verdaderamente arriesgada al colocarse de una manera casi temeraria en asimetría absoluta con la intención de crear un triángulo en el aire.

TRES ELEMENTOS NATURALES

La **flor de trébol** no se utiliza tal y como la obtenemos de la naturaleza. Hemos **secado** flores de trébol en el momento en el que tienen esa curiosa apariencia de **bola blanca** y después las hemos insertado en pequeñas ramas secas muy finas para crear el conjunto **herbáceo** de la izquierda.

La rama puede ser de cualquier árbol o arbusto, pero si no encontramos una que presente algunos brotes, podemos crearla de forma artificial. Para ello, seleccionamos una **rama verde** y vamos retirando las ramas más pequeñas y hojas que nos estorben en nuestro propósito hasta lograr una rama **desnuda**, pero que tenga al menos esos **tres puntos** verdes. Es una representación del inicio de la primavera, cuando una rama casi muerta presenta brotes verdes que la devuelvan a la vida.

Por otra parte, en el fondo del pequeño estanque que sostiene todo el arreglo, se han dejado casi flotar y asomar fuera unas **hojas de hiedra**. La hiedra simboliza la **amistad**, así que ese detalle apenas perceptible puede ser suficiente para regalar a alguien especial a quien deseemos mostrar una amistad profunda.

Una rama curva

De la misma manera que cuando se crean bonsáis se doblan ramas usando alambres, esta técnica es válida para curvar cualquier rama a nuestro antojo. En este Ikebana el efecto es absolutamente natural y no parece que la curva que describe la rama haya sido forzada. Se trata de buscar en todo momento una complicidad con la naturaleza presentando elementos que parecen recién sacados de ella.

PODA

La poda de las **ramas** para hacer Ikebana es una parte importante del arte. Con esa poda se inicia la **línea** que va a definir cada proyecto, así que debe establecerse cuanto antes con la mauyor perfección posible.

EL CAMINO

El primer nombre para el arte floral de Ikebana fue **Ka-do**, que significa **«camino de las flores»**. Es un camino en el sentido de **disciplina** de trabajo y **conocimiento** de uno mismo y de lo que le rodea.

EL AGUA

Para que permanezca **clara**, limpia y sin impurezas, es conveniente cambiarla todos los días y es mejor usar agua **mineral**. Las **sombras** que se proyectan en ella forman parte del conjunto.

Ikebana japonés
fresco y seco en piedra

Flor
Viola x wittrockiana
(pensamiento)

Materiales
8-10 pensamientos de color blanco
y rosado
Ramas secas
Hojas de envés plateado
Molino de piedra
Un kenzan

Consejo de experto
El Ikebana comenzó siendo un arte
que practicaban los samuráis y por
eso ha heredado un componente
ascético propio de estos guerreros.

El contraste entre la flor fresca y silvestre con las rudas ramas secas invernales sobre un recipiente de piedra hacen de este Ikebana un encuentro de varios elementos opuestos, como una metáfora de la vida. El sentimiento de ascensión de las ramas completa esta sensación espiritual.

PENSAMIENTOS

Elegir la flor del pensamiento no es fruto de la casualidad. Se trata de una flor prima hermana de la **violeta**, con su misma delicadeza, que apela por su nombre a todo lo **cerebral**, incluyendo la **concentración** y **meditación** que hacen falta durante el Ikebana. Se asocia también al **recuerdo** y por eso en muchos lugares tiene el sobrenombre de **nomeolvides**.

Es una flor que se **marchita** con facilidad, de manera que incide en el concepto de lo **efímero**, tan afín al Ikebana. Hemos combinado esos pensamientos con unas hojas de **envés plateado**, precisamente por la pureza de ese tono y su carácter extraordinario y lujoso. Nos sirve cualquier hoja con esa característica independientemente de su forma, y por ejemplo podemos seleccionar hojas muy fáciles de encontrar, como las del **álamo blanco**.

Las **ramas** se han podado hasta adquirir un aspecto **nudoso**, seco y tortuoso, casi enredado. Hemos dejado **ramificaciones** pequeñas para dar esa impresión de **laberinto**, pero al mismo tiempo, hemos dejado que sean muy largas y despejadas en la zona superior, en una combinación conceptual de lo **intrincado** y complejo de la existencia y de lo **simple** que es muchas veces salir de esa espiral.

Conforme a la estación

Lo ideal para un Ikebana es que se utilice al menos un elemento natural que se corresponda con la estación; es decir, una flor de primavera, si estamos en primavera; de invierno, si es invierno, etc. En este caso, se han elegido pensamientos por su versatilidad temporal, ya que son unas flores que crecen en primavera en los lugares fríos, pero pueden crecer en invierno en climas cálidos.

LARGURA

Las **ramas secas** se alzan a distintas **alturas** alargando visualmente un arreglo floral verdaderamente sencillo. Son varas cuya hermosura reside en lo **rústico** y **desnudo** de la naturaleza antes de la llegada de la primavera.

UN TOQUE DE COLOR

Solo uno, único y solitario, en la parte **inferior**, gracias a las pequeñas **flores** rosadas. La mirada se centra en ese punto para luego evadirse infinitamente hacia **arriba** con las ramas enhiestas.

FRÍA PIEDRA

Un **molino** arcaico de piedra es el singular recipiente que sostiene este Ikebana. Su aspecto **frío** y **pesado** no supone un inconveniente, sino al contrario: embellece aún más el conjunto.

Índice de plantas y flores